创意风起

大学生创新创业基础

彭巧胤　廖蕾　彭瑾　主编

于四维　李红　赵晓帆
魏玮　张伊颖　副主编

湖南大学出版社
·长沙·

图书在版编目（CIP）数据

创意风起：大学生创新创业基础 / 彭巧胤，廖蕾，彭瑾主编．—长沙：湖南大学出版社，2024.8（2025.1 重印）

ISBN 978-7-5667-3452-5

Ⅰ．①创…　Ⅱ．①彭…　②廖…　③彭…　Ⅲ．①大学生－创业　Ⅳ．①G647.38

中国国家版本馆 CIP 数据核字（2024）第 044685 号

创意风起：大学生创新创业基础

CHUANGYI FENGQI：DAXUESHENG CHUANGXIN CHUANGYE JICHU

主　　编：彭巧胤　廖　蕾　彭　瑾
策划编辑：卢　宇
责任编辑：金红艳
印　　装：长沙新湘诚印刷有限公司
开　　本：787 mm × 1092 mm　1/16　　**印　　张**：12　　**字　　数**：238千字
版　　次：2024年8月第1版　　**印　　次**：2025年1月第2次印刷
书　　号：ISBN 978-7-5667-3452-5
定　　价：49.80元
出 版 人：李文邦
出版发行：湖南大学出版社
社　　址：湖南·长沙·岳麓山　　**邮　　编**：410082
电　　话：0731-88822559（营销部）　88821315（编辑室）　88821006（出版部）
传　　真：0731-88822264（总编室）
网　　址：http://press.hnu.edu.cn

前言

PREFACE

在当今社会，创新创业已成为培养创新人才和满足大学教育需求的重要基础和关键。从“科技创新，方法先行”到“大众创业，万众创新”，体现了我国对于创新创业的重视。为了体现“双创”教育的思想，本教材编者融合了多年的教学经验和研究成果，将创新创业教育的理论与实践紧密结合，旨在培养学生的创新思维、创业意识和实践能力。在编写本教材时，编者强调将建构主义学习理论（constructivism learning theory）和 OBE（outcome based education）理念融合，注重数字化开发，使教材内容更加与时俱进，努力为学生打造一本具备素质性、通识性、基础性和实践性特征的教材，以满足其在创新创业课程中的全面需求。在教学过程中，本教材强调以学生为主体、以教师为主导，旨在引导学生通过自身的行为和思考方式完成课程学习和个人成长。这种教学方式不仅便于教师授课，也有利于学生学习，实现教材应用效果的最大化。为了保证知识内容的连贯性与系统性，还采用以问题为导向的方法，将课内和课外教学训练与实践有机结合，并在强调过程性管理的基础上，培养学生的实践能力和应用能力。这是创新创业教育改革的一种创新尝试。

本教材共七章，包括创新创业思维、创业机会识别、商业模式探索、创业团队组建、创业资源整合、创业风险管理、创业计划推进等内容。每一章包括“任务调度”“知识星系”“行动派”三部分，其中“知识星系”中还包括“实战演绎”内容，通过案例分析来培养学生的实践能力和知识应用能力。为了满足不同教学群体的需求，还特别编写了实用性知识图谱，注重创新创业知识和工具的迁移性，以便教学管理和运用。

本书由彭巧胤、廖蕾、彭瑾担任主编，由于四维、李红、赵晓帆、魏玮、张伊颖担任副主编。彭巧胤、彭瑾负责编写教材大纲，对全书的内容进行统稿安排。第一章由张伊颖编写，第二章由于四维编写，第三章由李红编写，第四章由赵晓帆、魏玮编写，第五、六、七章由廖蕾编写。本书所有插图绘制均由于四维设计。

本教材具有较好的可操作性，能够满足学生在创新创业教育领域的学习需求。希望本教材能成为学生的良师益友，在创新创业道路上助他们茁壮成长，为实现自我价值做好充分准备。

编　者

2024 年 7 月

目 录

DIRECTORY

开启创新创业之旅

第一章 创新创业思维

任务调度：创新小挑战 …… 2

任务 1-1 以职业为导向的创新探索 …… 2

任务 1-2 拓展创新思维的边界 …… 3

任务 1-3 创业思维的种子和启发 …… 4

任务 1-4 激发创新创业潜能 …… 5

任务 1-5 运用“双创”思维和工具感受灵感迸发 …… 6

知识星系：创新创业思维 …… 7

知识 1-1 “双创”与职业 …… 7

知识 1-2 认识创意 …… 8

知识 1-3 认知创新 …… 9

知识 1-4 批判性思维 …… 11

知识 1-5 六顶思考帽法 …… 11

知识 1-6 奥斯本检核表法 …… 13

知识 1-7 TRIZ 创新方法 …… 15

知识 1-8 从创意、创新到创业 …… 15

知识 1-9 系统思维 …… 16

知识 1-10 5W2H …… 17

知识 1-11 创业者画像 …… 18

知识 1-12 产品的创意和创新 …… 20

知识 1-13 创新专利申请 …… 22

行动派：课后任务清单 …… 26
行动 1-1　寻找学习导师 …… 26

第二章　创业机会识别

任务调度：创业奇遇探索 …… 28
任务 2-1　揭开机遇之谜 …… 28
任务 2-2　探寻无限可能 …… 30
任务 2-3　锁定黄金突破点 …… 31
知识星系：创业机会识别 …… 32
知识 2-1　效果逻辑 …… 32
知识 2-2　机会的本质 …… 33
知识 2-3　商业机会与创业机会 …… 33
知识 2-4　发现机会的三条路径 …… 34
知识 2-5　需求匹配 …… 38
知识 2-6　需求象限分析 …… 40
知识 2-7　客户思维 …… 42
知识 2-8　问题画布 …… 43
知识 2-9　用户画像 …… 45
知识 2-10　同理心和同理心地图 …… 46
知识 2-11　用户旅行地图 …… 49
知识 2-12　5why 分析法 …… 51
知识 2-13　市场调查 …… 52
知识 2-14　波特五力分析法 …… 54
知识 2-15　鱼骨图分析法 …… 56
知识 2-16　SWOT 分析法 …… 57
知识 2-17　PEST 分析法 …… 58
知识 2-18　4P 营销理论 …… 59
知识 2-19　行业报告分析 …… 60
知识 2-20　SMART 原则 …… 61
行动派：课后任务清单 …… 62
行动 2-1　探寻创业项目 …… 62

第三章　商业模式探索

任务调度：商业之道 …… 64
任务 3-1　探寻商界生存法则 …… 64
任务 3-2　探索行业王者 …… 65
任务 3-3　探索和谐与共生 …… 66
任务 3-4　绘制商业模式画布 …… 67
知识星系：商业模式探索 …… 68
知识 3-1　商业模式的逻辑 …… 68
知识 3-2　客户与用户 …… 71
知识 3-3　商业模式的类型 …… 74
知识 3-4　商业模式画布 …… 76
知识 3-5　如何设计商业模式 …… 80
行动派：课后任务清单 …… 81
行动 3-1　完成一项调研性作业 …… 81
行动 3-2　完成你的项目的商业模式画布 …… 84

第四章　创业团队组建

任务调度：团队组建 …… 85
任务 4-1　创业者自我画像 …… 85
任务 4-2　创业团队组建 …… 86
任务 4-3　创业团队 5P 分析 …… 87
任务 4-4　创业团队成员的角色定位 …… 88
知识星系：创业团队组建 …… 89
知识 4-1　创业团队的内涵 …… 89
知识 4-2　创业团队的互补性 …… 91
知识 4-3　创业团队的 5P 要素及优势 …… 93
知识 4-4　创业团队的类型及优缺点 …… 94
知识 4-5　创业团队的组建过程 …… 96
知识 4-6　创业团队成员角色定位分析 …… 98
知识 4-7　创业团队股权结构 …… 101

知识 4-8　创业团队股权的分配方式 ……102
行动派：课后任务清单 ……104
行动 4-1　组建创业团队 ……104

第五章　创业资源整合

任务调度：资源细盘点 ……106
任务 5-1　探索团队资源的潜能 ……106
任务 5-2　开发资源整合的渠道 ……112
任务 5-3　撬动创新融资的杠杆 ……113
知识星系：创业资源整合 ……115
知识 5-1　创业资源识别 ……115
知识 5-2　创业资源评估 ……116
知识 5-3　创业资源获取与整合 ……118
知识 5-4　创业资金的分类 ……120
知识 5-5　创业融资难的原因 ……121
知识 5-6　创业启动资金的测算 ……123
知识 5-7　创业融资渠道的选择 ……124
行动派：课后任务清单 ……127
行动 5-1　研究样本基于商业模式的要素资源分析 ……127
行动 5-2　研究样本核心竞争力分析 ……128
行动 5-3　团队项目核心资源和融资计划分析 ……128

第六章　创业风险管理

任务调度：创业稳布局 ……130
任务 6-1　识别项目风险的边界 ……130
任务 6-2　制订应对风险的策略 ……134
知识星系：创业风险管理 ……135
知识 6-1　创业风险认知 ……135
知识 6-2　基于商业模式的创业风险分析 ……136
知识 6-3　系统性风险与非系统性风险 ……139

知识 6-4　风险自留 ······140
知识 6-5　风险规避 ······141
知识 6-6　风险控制 ······142
知识 6-7　风险转移 ······143
知识 6-8　创业风险组合管理 ······144
行动派：课后任务清单 ······ 145
行动 6-1　研究样本风险调研报告 ······145
行动 6-2　团队项目抗风险能力分析 ······147

第七章　创业计划推进

任务调度：项目大呈现 ······ 149
任务 7-1　项目呈现前的热身训练 ······149
任务 7-2　项目计划的正式完成 ······151
任务 7-3　项目路演的提前准备 ······158
任务 7-4　项目推进的下一阶段 ······160
知识星系：创业计划推进 ······ 164
知识 7-1　创业计划与使命塑造 ······164
知识 7-2　电梯演讲 ······164
知识 7-3　创业计划书的构成 ······165
知识 7-4　创业路演 ······167
知识 7-5　创业路演的设计 ······169
知识 7-6　新创企业的法律组织形式 ······170
知识 7-7　新创企业的命名和设立 ······172
知识 7-8　开办企业的行动计划 ······174
知识 7-9　新创企业的日常管理 ······174
知识 7-10　新创企业的持续增长 ······178
行动派：课后任务清单 ······ 181
行动 7-1　样本全方面情况介绍 ······181
行动 7-2　创业项目的项目路演 ······181
行动 7-3　创业项目的创业计划书 ······181

开启创新创业之旅

【给自己一个目标】

作为创新创业教育的推行者，我们知道每一名学生都是带着自己的目标步入课堂的。无论是期望通过这门课程深入了解创新创业知识、培养创新思维和创业意识，还是希望启发创新创业想法并应用于实际工作中，本教材都将成为你踏上创新创业道路的得力助手。

更重要的是，我们强调创新创业教育所发挥的作用不仅局限于创新创业领域，其精髓——解决问题的能力、全新的思维方式、对风险的合理管理等，都是各类职业发展成长的重要基础。因此，这门课程的学习和理解将对你的职业生涯产生深远的影响。

本教材将结合理论提供必要的知识，结合实践活动提升你的技能，帮助你在创新创业的道路上步步稳进。我们相信，通过你的积极参与和持之以恒的努力，你将在学习过程中不断成长，取得超出预期的学习成绩，实现自我提升，同时也为未来的职业之路打下坚实的基础。希望你积极探索创新创业之道，开拓无限可能！

请为自己设定学习的目标，填写下列目标单。

类别	目标（按照 SMART 原则制订）
创新创业实践方面	
职业生涯规划方面	
个体成长方面	
创新创业竞赛方面	
课程成绩方面	

第一章

创新创业思维

- 第一章　创新创业思维
  - 任务
    - 1-1　以职业为导向的创新探索
    - 1-2　拓展创新思维的边界
    - 1-3　创业思维的种子和启发
    - 1-4　激发创新创业潜能
    - 1-5　运用“双创”思维和工具感受灵感迸发
  - 知识
    - 1-1　“双创”与职业
    - 1-2　认识创意
    - 1-3　认知创新
    - 1-4　批判性思维
    - 1-5　六顶思考帽法
    - 1-6　奥斯本检核表法
    - 1-7　TRIZ 创新方法
    - 1-8　从创意、创新到创业
    - 1-9　系统思维
    - 1-10　5W2H
    - 1-11　创业者画像
    - 1-12　产品的创意和创新
    - 1-13　创新专利申请
  - 行动
    - 1-1　寻找学习导师

任务调度：创新小挑战

任务 1-1　以职业为导向的创新探索——关联知识 1-1，1-3

1. 通过和你的辅导员沟通，请你找到专业相关领域的 3 个就业岗位。

我通过和辅导员沟通，找到以下 3 个就业岗位：

____

2. 通过和你的学长学姐沟通，请你找到专业相关领域的 3 个就业岗位，要求与之前的不同。

我通过和学长学姐沟通，找到以下 3 个就业岗位：

____

3. 通过其他渠道 / 方式，请你找到专业相关领域的 3 个就业岗位，要求与之前的不同。

我通过________渠道 / 方式，找到以下 3 个就业岗位：

____

4. 你预计，在与你专业相关的行业中，未来会有哪些新的岗位出现？

我认为，与我专业相关的________行业中，未来可能出现________新岗位。

5. 综合以上信息，我最感兴趣的岗位是：______________________________

6. 这个岗位有何具体的招聘要求？请分点进行说明：

____

7. 这些要求哪些是你已经符合的？

我认为我已经符合的岗位要求是：______________________________

8. 这些要求哪些是你还不符合的？

我认为我尚不符合的岗位要求是：______________________________

9. 针对还未符合的岗位要求，你打算如何提升自我，进而在未来获得该岗位？请注意你的行动计划要切实可行，能够落地。

我未来的行动计划：______________________________

____

10. 在你未来的行动计划中，你需要求助哪些对象，获得哪些额外资源？

我需要求助的对象包括：______________________________

我需要获得的资源：______________________________

11. 在整个过程中，你产生了哪些有价值的想法？

我产生的具有价值的想法：______________________________

我认为它 / 它们是有价值的原因：______________________________

任务 1-2　拓展创新思维的边界——关联知识 1-3，1-7，1-12

1. 回顾过去的三年，社会上有哪些创新创业的项目或现象？

我认为：______________________________

2. 回顾过去的三年，你的学校所在省市（自治区或直辖市）或者你所在的专业有哪些创新创业的项目或现象？

我认为：______________________________

3. 你认为最有价值的创新是什么？经小组讨论后，总结出本小组认为最有价值的创新。

我们组认为最有价值的创新是：______________________________

这些创新可以给我们带来的是：______________________________

基于这些创新，我们考虑的创新创业想法是：______________________

我们能为这些创新做些什么：________________________________

4. 在过去的一年里，创新无时无刻不在改变着我们的生活，这里包括了产品外观的创新、功能的创新、服务的创新、模式的创新、制度的创新等。那么，哪个创新是你感受最深的？

我感受最深的创新是：__________________________________

这个创新的特点是：____________________________________

这个创新解决的问题是：________________________________

这个创新还存在哪些不足？请列举三点：

（1）____

（2）____

（3）____

针对这些不足，你有哪些完善性的建议？

（1）____

（2）____

（3）____

如果你没能很快地完成这个训练，你认为原因：__________________

____

任务 1-3　创业思维的种子和启发——关联知识 1-10

1. 请小组完成一个创业者的画像，限时 15 分钟。要求如下表：

他的生活状态是怎样的？	他脑子里在想什么？	他在移动状态下，用手机做什么？
什么事情让他高兴？		什么事情让他苦恼？
他经常接触什么人？	他经常去哪里？	他经常吃什么？

2. 创业思维练习表。

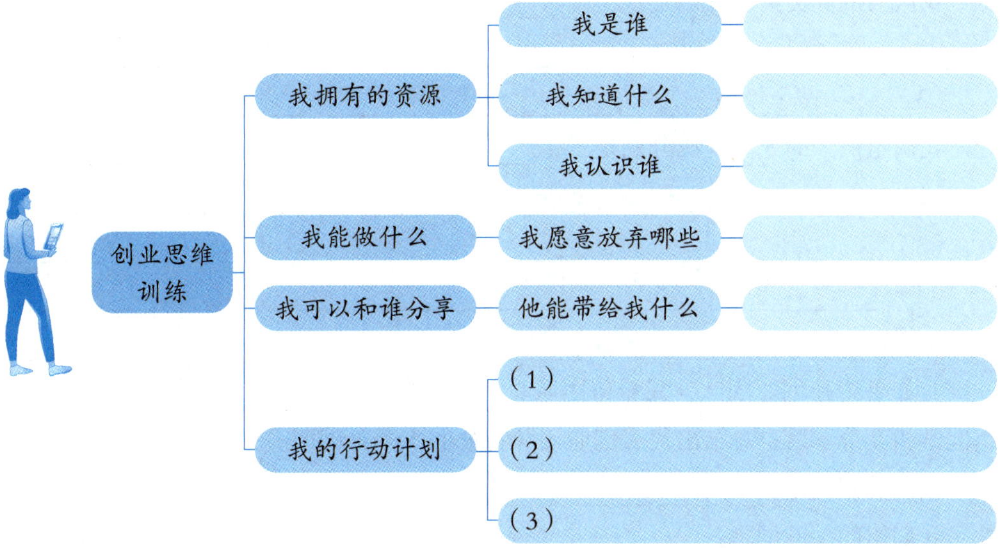

任务 1-4　激发创新创业潜能——关联知识 2-2，6-1

1. 在过去的一年中，我们最关心或关注哪些创新？为什么关注？每个同学提出自己思考的 2 个创新，小组总结出大家一致认同的 3 个创新。

我认为的 2 个创新分别是：(1)____________________

(2)____________________

我们组认为的 3 个创新分别是：(1)____________________

(2)____________________

(3)____________________

2. 哪些风险会影响我们创业？每个同学提出自己思考的 3 个风险，小组总结出大家一致认同的 5 个风险。

我认为的 3 个风险分别是：(1)____________________

(2)____________________

(3)____________________

我们组认为的 5 个风险分别是：(1)____________________

(2)____________________

(3)____________________

(4)____________________

(5)____________________

3. 哪些资源有助于我们启动创业？每个同学提出自己思考的 3 类资源，小组总结出大家一致认同的 5 类资源。

我认为的 3 类资源分别是：（1）________________

（2）________________

（3）________________

我们组认为的 5 类资源分别是：（1）________________

（2）________________

（3）________________

（4）________________

（5）________________

4. 如果组建创业团队，我希望团队具有哪些特征？请用 3 个关键词来表达。小组同学相互分享后，总结出代表创业团队特征的 5 个关键词。

我的关键词是：________________

我们组的关键词是：________________

任务 1-5　运用“双创”思维和工具感受灵感迸发——关联知识 1-3，1-7，1-12

让我们从细微处入手，基于前面我们小组对感受最深的创新的思考，在将其应用到可借鉴的领域时，细化我们的创新，激活我们的创意。（如果觉得本小组的思考不够成熟，可思考如何提高我校文创公司的收入，对此提出你的创新性解决方案）

我们小组确立的分析内容是：借鉴__________的创新特点，应用于__________，产生创新的项目是________________。

（1）有形的创新主要包括以下几个方面：

材料创新：________________

外观创新：________________

结构创新：________________

工艺创新：________________

设计创新：________________

功能创新：________________

其他创新：________________

（2）无形的创新主要包括以下几个方面：

宣传创新：________________

服务创新：________________

促销创新：________________

使用创新：________________

售后创新：________________

管理创新：________________

制度创新：________________

其他创新：________________

知识星系：创新创业思维

知识 1-1 “双创”与职业

让我们先理解什么是“双创”。“双创”，即创新和创业，是当今社会经济发展的重要驱动力。创新代表着技术的进步、思维的革新，而创业则是将这些创新转化为实际的产品或服务，实现商业价值。

那么，“双创”与职业有什么关系呢？

实际上，“双创”并不仅仅是一种商业行为，更是一种生活方式，一种对未来的追求。在这个快速变化的时代，我们需要用创新和创业的思维来应对各种挑战。无论未来从事哪种职业，拥有创新和创业的能力都将使我们更具竞争力。

首先，拥有“双创”思维，能使我们更好地发现行业机会，进而帮助我们正确地选择职业。当选择了职业后，无论是作为医生、教师，还是作为工程师，我们都需要找到解决问题的新方法和提高工作效率的新途径。创新思维能够帮助我们在面对问题时，提出独特的解决方案，进而不断促进我们职业生涯的发展。其次，创业精神是我们实现职业发展的关键。无论是在大型企业工作，还是自己创办公司，都需要有创业精神。这种精神包括对风险的承受能力、对机会的敏锐捕捉能力、对资源的整合能力以及不断学习和进步的态度。此外，“双创”还为我们提供了一种职业发展的新路径——自主创业。在这个充满机会和挑战的时代，我们可以根据自己的兴趣和专长，创办一家属于自己的公司。自主创业不仅可以帮助我们实现个人价值，还可以为社会创造更多的就业机会。

总的来说，“双创”与职业有着密切的关系。无论我们选择哪种职业，拥有创新和创业的思维和能力都将使我们在行业里更具优势。在接下来的课程中，我们将更深入地探讨“双创”的各个方面，更好地理解并应用这些理念。

[实战演绎]

任小鑫是一名拥有市场营销背景的专业人士，在一家大型零售公司担任市场主管。在工作中，她发现传统的营销方式往往无法有效地吸引客户，并且许多营销活动的效果难以量化。

为了解决这个问题，任小鑫开始利用自己的创新思维和创业精神，探索新的营销方式和商业模式。她深入研究消费者的行为和市场趋势，结合大数据和人工智能技术，研发出了一个全新的营销平台。这个平台能够根据消费者的行为和喜好，提供个性化的营销服务，同时通过数据分析和机器学习技术，不断优化营销策略和效果。任小鑫将这个平台提交给了公司的上级领导，并得到了认可和推广。这个平台不仅在任小鑫的公司产生了积极的影响，还被其他公司采用，从而提高了整个零售行业的营销效果和销售业绩。

在这个案例中，任小鑫运用“双创”思维发现了传统营销方式的问题，并提出了创新的解决方案。她的行动不仅得到了公司的认可，还对整个零售行业产生了积极的影响。这个案例表明，“双创”思维不仅可以帮助个人在职场中获得成功，也能为公司创造更多的商业价值。

知识 1-2　认识创意

“创意”（creative idea）一词是目前比较流行的一个热门词语，且与创造力有着密不可分的关系。可无论是《新英汉词典》还是《汉英词典》，都没有收录这个词语。由于大众对创造和创意的概念没有一个清晰的界定，目前二者已经日渐趋同。但究其根本，创造和创意还是有区别的。

《现代汉语词典》中，“创”字的解释为“开始做、初次做”，“意”是指意识、概念、观念、智慧、思想。创意作为动词，就是“提出有创造性的想法、构思等”。简单来说，创意，就是创造出一种新的思想、意识和事物，也可以理解为针对生活和工作中的某种问题，提出一种新的解决方案。那么创造指的是什么呢？创造是指产生想法的过程，指创造力、创造思维和创造的过程，即创造过程就是产生创意的过程，创造力就是产生创意的能力。

创意按照对象不同可以划分为：

观念创意：针对以前的旧观念，创造出一种新的观念；

概念创意：创造出一种新的概念，如电商、直播、智慧城市等；

产品创意：创造出一种新的产品，如跟随温度变化颜色的笔、一次性圆珠笔等；

服务创意：创造出一种新的服务，如家政服务、5G 服务等。

从上述分类就可以看出，人类发展的历史就是不断创意的历史。从个人层面来讲，创意就是观察现象、发现问题、提出创造性的解决方案，而这些都是个人事业发展的必备技能。从社会层面来讲，通过创意，人们可以不断开发出新产品、新技术、新服务和新商业模式，进而推动社会的进步和发展。

［实战演绎］

田雨是一位富有创意和激情的文创设计师，他带领着一个充满活力的设计团队。某景区是田雨公司的一个重要合作伙伴，双方合作开发了一系列富有创意的文创产品。此次，田雨的公司被邀请为该景区设计一款具有创新性和实用性的冰箱贴。

在开始设计之前，田雨和团队成员首先进行了深入的需求分析。他们了解到该景区的特色文化元素，包括其悠久的历史、独特的民俗文化以及美食等。同时，他们还明确了设计冰箱贴的目的，既要体现景区的特色，又要方便游客携带和使用。

在明确了设计需求和客户对象后，田雨和团队成员进行了头脑风暴。他们从不同角度思考如何将已经选择的某一个文化元素与冰箱贴相结合。在讨论过程中，他们提出了许多创意，如将冰箱贴设计成小夜灯或者3D立体卡通形象，亦或做成毛绒手感等。

在众多的创意中，田雨和团队成员经过讨论筛选出了最符合需求的方案——将冰箱贴设计成小夜灯的形式。在设计过程中，团队成员对每个细节进行反复推敲和优化，确保产品能够满足游客的需求并体现景区的特色。

完成设计后，田雨和团队成员将方案交给了景区方进行审核。经过多次沟通和修改，最终方案得到了景区方的认可并开始投入生产。第一批产品上市后，市场反馈非常好，游客对这款冰箱贴的创意和实用性给予了高度评价。

在整个产品的设计生产过程中，最重要的是田雨公司通过集体讨论迸发出很多创意，并从众多创意中找到可以落地实践的创意，最后打造了爆款产品。田雨的文创公司在设计冰箱贴时，充分考虑了市场需求和游客的使用场景。他们深入分析了景区的文化元素和游客的需求，将文化元素和小夜灯的功能与冰箱贴相结合，为游客提供了方便实用的文创产品。这种创新的思路和贴近市场的产品设计理念是该案例成功的关键。

知识1-3　认知创新

“创新”一词出现很早，如《魏书》中有“革弊创新”，《周书》中有“创新改旧”。英语中创新（innovation）这个词起源于拉丁语，有三层含义，分别是“更新”“创造新事物”“改变”。创新的本质是突破，即突破旧的思维定式。创新是一个过程，是指创造出与以前不一样的东西的过程。从某种意义上来说，创新并不要求创造全新的东西，可以在原有基础上进行改进。创新不仅仅是有形的产品创新和技术创新，还有可能是无形的模式创新、制度创新、组织创新、思维创新、生活方式的创新等。

创新往往是在旧的、现有的基础上进行改进的，如何使有价值的变化发生是我们要思考的问题。也就是说，能否发现问题、提出问题，进而解决问题。发现问题和提出问题是基础，比解决问题更有价值。

无论是企业还是个人，都在创新的路上孜孜不倦地探寻，但多数情况下事与愿违。有的是时机不对，有的是资源不够。虽然创新无处不在，人人都可以创新（既可以是事业上对某一种解决问题的方法创新，也可以是对某种产品或服务的创新，进而开办企业），但是要想在创新道路上走得好，也是需要一些条件的。创新不仅需要我们改变一些固有的心态，也需要引导工具，更需要一套方法和流程。只有拥有这些，我们才能在创新的道路上走得稳，走得远。

首先，创新需要改变心态。很多学者认为，在创新活动中，特别是对于初步尝试创新的人，需要遵循“3A”原则，即接纳（accept）、应用（apply）、适应（adapt）。其中，把接纳放在首位的原因是强调人们首先要有接纳新事物的心态，其次才是积极实践应用，最后根据实际情况进行调整。很多人拒绝改变、抗拒变化，不愿意脱离舒适区，但唯有接纳现实、接纳不同、接纳变化、建立挑战的心态，才能让人们在面对问题时，保持清醒的头脑来思考创意。因此创新需要人们拥有一个良好的心态。

其次，创新是需要引导工具的。引导工具可以帮助人们在创新活动中高效地解决问题。例如头脑风暴可以刺激人们的想象力，但无序的意见发表不一定能得出想要的结果，如果在头脑风暴前，使用思维导图，提前定义讨论的目标人群或者关键问题的范围，然后针对性地对相关问题展开讨论，这样不仅不会约束团队的想象力，还能让讨论更高效。总之，创新并不是毫无章法的，使用引导工具，是使创新活动高效运转的手段之一。

当然，创新是需要方法的。在整个创新活动中，在发现问题、定义问题、解决问题、验证操作、实践改进等环节中都是需要思维方法的。这就是大家经常提到的创新思维。那么创新思维到底是什么呢？创新思维是人们在创新实践中，经过了长期探索之后总结出来的智力成果的积累，是人们在进行创新活动时的理论指导，也是创新者必备的核心能力。

知识 1-4　批判性思维

批判性思维是指对信息、观点、问题和决策进行深入、全面、理性的思考和分析的能力。它强调独立思考、质疑和评估。批判性思维能帮助大学生创业者评估信息的可靠性和有效性，例如，在创业过程中，创业者需要进行大量的市场调研和数据收集；而通过运用批判性思维，创业者可以评估收集到的数据和信息的来源、质量和相关性，从而更好地把握市场动态和用户需求，为决策提供可靠的依据。批判性思维还能帮助创业者识别和解决问题，例如，在创业过程中，创业者常常面临各种挑战和难题，需要系统性地分析和评估解决方案；通过运用批判性思维，创业者可以审视问题背后的原因，评估各种解决方案的优劣，并提出创新的解决方案。

批判性思维还鼓励创业者对自身的假设、偏见和盲点进行审视，从而更全面地看待问题。批判性思维对于决策制定过程至关重要。创业者需要评估各种选项和风险，并作出明智的决策。通过运用批判性思维，创业者可以分析每个选项的潜在结果、利弊和可行性，评估并权衡各种风险和考虑因素。批判性思维还能帮助创业者跳出传统思维模式，寻找创新和可持续发展的策略和决策。通过批判性思维，创业者可以质疑现有的做法、习惯和行业惯例，并寻找新的商业机会和解决方案。批判性思维也能帮助创业者识别并突破自身的局限性。

［实战演绎］

一支大学生创业团队开发了一款基于共享经济模式的自行车共享平台。在面临市场竞争和用户需求变化的挑战时，团队运用了批判性思维来思考问题。他们首先对市场上现有的自行车共享平台进行了批判性分析，评估了它们的优势、劣势和用户反馈。然后，团队通过批判性思维审视了自己的平台，在用户体验、可行性和创新性方面进行了全面的评估。

借助批判性思维，团队发现了市场上现有平台存在的问题和局限，并提出了创新的解决方案。他们改进了用户注册和借还流程，提供了更好的用户界面和定价策略，并通过与大学校园合作的方式解决了停车和配送的难题。通过批判性思维的运用，团队成功地改善了其自行车共享平台的用户体验，提升了市场竞争力和市场份额，获得了用户的认可并取得了成功。

知识 1-5　六顶思考帽法

六顶思考帽（图 1-1）是爱德华·德·博诺（Edward de Bono）所提出的一种思

维工具，它代表了不同的思考角度和思维方式，让人们能够全面系统地思考问题，并从不同的角度进行分析和解决。运用六顶思考帽，可以使混乱的思考变得更清晰，使团队中无意义的争论变成集思广益的创造。

图 1-1　六顶思考帽

白帽（积极分析帽）：白帽的角色是基于事实和数据进行客观地分析和评估，它关注的是收集、整理和解释数据，帮助决策者做出明智的决策。

绿帽（创造性帽）：绿帽的角色是鼓励创造性和新颖的思考，它关注的是想象力和创造力，帮助人们找到不同的思路和解决方案。

黑帽（批判帽）：黑帽的角色是批判和质疑，它关注的是决策问题的弱点和风险，帮助人们规避错误决策。

黄帽（乐观帽）：黄帽的角色是积极寻找机会和解决方案，它关注的是积极的、乐观的思考，鼓励创新和寻找最佳解决方案。

红帽（情感帽）：红帽的角色是发表感受，并考虑情感因素在决策中的作用。它关注的是情感、直觉和个人经验。

蓝帽（管理帽）：蓝帽的角色是组织和管理思考过程，它关注的是整体的思考流程和目标，并确保其他思考帽的角色被充分发挥。

[实战演绎]

某互联网公司近期面临一项重要决策，关于是否应该进军一个新的市场领域。这个领域具有高风险，但可能带来高回报，公司需要决定是否投入大量资源来开拓这个新市场。

运用六顶思考帽分析：

白色思考帽：我们需要收集关于新市场的所有信息，包括市场的大小、增长率、竞争对手、法规限制等。

绿色思考帽：我们需要考虑所有可能的方案，包括直接进入市场、通过合作伙伴进入或者先进行小规模试点等。

黑色思考帽：我们需要全面评估新市场的风险，包括市场风险、财务风险、法规风险等。另外，我们还需要考虑如果失败，公司的损失会有多大。

黄色思考帽：我们需要找出所有可能的机会，包括市场增长潜力、品牌提升、技术提升等。

红色思考帽：我们需要讨论大家对这个决策的感受和直觉，例如，有的人可能担心风险，有的人可能看到机会，这些情感反应都是极具参考价值的。

蓝色思考帽：我们需要总结和归纳以上的讨论，制订决策行动计划。这个计划应包括进一步的市场研究、风险评估，以及一个初步的进入市场策略。

以上就是对这个企业案例的六项思考帽分析。因为所有的可能性和风险都被充分考虑了，所以这个方法保证了决策的全面性。同时，所有的讨论和决策都是基于一个清晰结构化的流程进行的，因此这个方法也提高了决策的效率。

——大学生孵化园真实项目转化实例

知识 1-6　奥斯本检核表法

奥斯本检核表法是一种创造性思维的工具，用于帮助人们生成创意和解决问题。它是由美国广告界先驱亚历山大·奥斯本（Alex Osborn）提出的。所谓检核表法，是指根据需要研究的对象的特点列出有关问题，形成检核表，然后一一核对讨论，从而发掘出解决问题的大量设想。奥斯本检核表法包括 9 个问题（即 9 大检核类别），每个问题都有其特定的意义和作用。通过回答这些问题，我们可以从不同的角度去思考和发现问题，并寻找创新解决方案，如表 1-1 所示。

表 1-1　奥斯本检核表法

序号	检核类别	检核内容
1	能否他用	现有的东西（如发明、材料、方法等）有无其他用途？保持原状不变能否扩大用途？稍加改变，有无别的用途
2	能否借用	能否从别处得到启发？能否借用别处的经验或发明？外界有无相似的想法，能否借鉴？过去有无类似的东西，有什么东西可供模仿？谁的东西可供模仿？现有的发明能否引入其他的创造性设想之中
3	能否改变	现有的东西能否做些改变？例如，改变形状、颜色、味道以及型号、模具、运动形式等，改变之后，效果又将如何

续表

序号	检核类别	检核内容
4	能否扩大	现有的东西能否扩大使用范围？例如，能否增加某些东西，添加部件、延长使用寿命、提高价值
5	能否缩小	现存的东西能否缩小体积，减轻重量，降低高度等？能否省略，能否进一步细分
6	能否替代	能否由别的东西替代，由别人替代？能否用别的材料、零件替代，用别的方法、工艺替代，用别的能源替代
7	能否调整	能否调换一下先后顺序？可否调换元件、部件？是否可用其他型号替代？可否改成另一种安排方式？原因与结果能否对换位置
8	能否颠倒	倒过来会怎么样？如上下颠倒、左右调换等
9	能否组合	组合起来怎么样？能否装配成一个系统？能否把各种部件进行组合

[实战演绎]

让我们以一个大学生开设一个校园二手书交易平台的创业例子来说明（见表1-2）：

表1-2　校园二手书交易平台

检核类别	奥斯本检核表法
能否他用	这个平台还可以作为学习资料交流、课程评价、在线学习小组活动等平台
能否借用	参考淘宝的运营模式，引入评分系统让卖家和买家能够相互评价，引入信誉度等级系统以保证质量
能否改变	可以向用户提供个性化图书推荐，定期举办线下校园图书交换活动，提供图书馆租赁服务等
能否扩大	从本校逐步扩大到多个学校，甚至全市、全省或全国高校，除了教材也可以包含其他各类书籍
能否缩小	可以针对某个专业领域的学生提供服务，也可以专门服务大学新生或即将毕业的学生，还可以主打某一种类的书籍等

续表

检核类别	奥斯本检核表法
能否替代	转为提供实际的购书体验，如翻阅书籍、感受书香氛围；或者改为新书购买、数字书籍和在线资源服务等
能否调整	借助 AI 工具，根据用户需求按照不同标准对书籍进行排序；对新上架的书籍、感兴趣的书籍设置上新提醒、价格变动提醒等
能否颠倒	可以在平台界面设置自动旋转功能，感应器设置自动调整屏幕
能否组合	对于平台软件产品，可以定制工作流程、应用或网站设计，选择和组合不同的功能或模块

知识 1-7　TRIZ 创新方法

TRIZ 是原俄文（ Теория Решения Изобрета-тельскихЗадач ）转化成拉丁文（Teoriya Resheniya Izobretatelskikh Zadatch）的首字母缩写，其英文同义语为 Theory of Inventive Problem Solving，中文译为“发明问题的解决理论”。

TRIZ 是苏联专利分析专家根里奇·阿奇舒勒（Genrich Altshuller）提出的，他认为，创新所寻求的科学原理和法则是客观存在的，大量发明创新都依据同样的创新原理，并会在后来的一次次发明创新中被反复应用，只是被使用的技术领域不同而已。所以发明创新是有理论依据的，是完全有规律可以遵循的。因此，从 1946 年开始，阿奇舒勒带领他的团队对不同工程领域中 250 万个发明专利进行研究、整理、归纳和提炼，经过 40 多年的不断完善，建立了一整套体系化的、实用的解决发明问题的方法——TRIZ。

他们发现创新是有横向的推进过程。在若干的不同领域、完全不相关的专利中，他们发现了同样的原理。这是什么意思呢？请看以下例子：玉米粒的中心是空心的，空心意味着有空气，当我们把玉米粒放在密闭的容器中，高压加热，在加热过程中，玉米粒受热就会膨胀，此时因为是密闭的容器，玉米粒内部的气压和外部的气压是相同的，因此玉米粒在这个情况下是不会爆开的。可是如果突然将容器打开，玉米粒外界的气压就比内部的气压小，此时玉米粒就会产生爆裂，从而形成了爆米花。我们利用爆米花这个原理还能做出哪些创新？机器剥瓜子仁、将天然的大钻石分成小钻石同样可以运用这个原理。

知识 1-8　从创意、创新到创业

创业的定义有广义和狭义之分，狭义的定义是创建新企业，英文中常用“startup”一词来描述这种创建新企业的过程。这种创业活动通常需要创业者具备高度的热情、决心和冒险精神，因为这是一个充满不确定性的过程，需要克服各种挑战并整合各种资源。广义的定义则是开创新事业，英文中倾向于使用“entrepreneurship”一词。创业可以定义为在（高度）不确定的环境中，不拘泥于当前资源条件的限制而追寻机会，组合不同的资源以利用和开发机会并创造价值的过程。

无论是狭义的创业还是广义的创业，其核心都是对机会的追寻和价值的创造。这需要创业者具备敏锐的市场洞察力和资源整合能力。他们需要在高度不确定的环境中发现并利用机会，同时整合各种资源，包括人力、物力、财力等，以实现这些机会的价值。无论是创建新的企业还是开创新的事业，创业者都需要展现出极高的创新精神、领导力和执行力。因此创业过程是一个复杂而富有挑战性的旅程。从产生创业动机，到识别创业机会，再到整合资源，创建新企业或新事业，实现机会价值，最后收获回报，每一个环节都需要精心策划和执行。

总的来说，创意、创新、创业组成“三创”，虽然这三者都有“创”字，但是各有侧重。创意侧重强调创造一种事物，创意可以创造出产品、服务、思想、方法等多种事物；创新强调的是创造的过程；创业则侧重把某种产品或服务转化为成功的商业活动。因此不难看出，整个创业的过程都贯穿着创新，首先创新提供思维方法指导，加速整个创造过程，产生各类创意。然后创业者从各类创意中，选取具有创新性的产品或服务，通过一系列商业活动，将其转化为商品化的产品和服务，并提供给用户，进而实现商业价值。在整个商业活动中，创新也是贯穿始终的。

知识 1-9　系统思维

系统思维指的是一种全局性的思考方式，它帮助创业者建立全局视野，进一步理解事物的本质，并建立起对未来可能的变化有所预见的能力。

系统思维能够帮助创业者更好地应对复杂问题和情况。当面对背景复杂、信息混乱的情况时，系统的思考方式可以帮助创业者全面了解当前的状况，看清全局的走向和形式，从而找到最佳的解决方案。此外，完善的系统思维还可以帮助创业者妥善地解决各种问题，因为它是一种跨界思维，可以形成立体思维连接，使思维更立体、更系统，然后与自身的思想体系和经验认知融合一体。

[实战演绎]

李雨是一个充满激情的创业者。他的目标是创建一个在线教育平台，帮助学生提升学习效率。一开始，李雨只是简单地设计了一些课程内容，并将这些内容放到了网站上。一段时间后他发现，虽然有一些学生购买了课程，但是回购率和满意度并没有达到他的预期效果。这时，李雨开始运用系统思维来审视自己的创业计划。他意识到，他的片面思考导致他只关注了课程内容的设计和发布，却忽略了一些重要的因素。例如，学生的学习习惯、时间管理等问题，以及如何通过营销策略吸引更多的学生。

于是，李雨开始调整他的创业计划。他首先对市场进行了深入地研究，了解学生的学习需求和痛点。根据这些信息，他在设计课程内容的同时，加入一些学习技巧和方法，帮助学生提高学习效率。不仅如此，他还制订了一套完整的营销策略，包括社交媒体推广、搜索引擎优化等。

经过一段时间的努力，李雨的在线教育平台终于取得了突破性进展。他的用户数量大幅增长，销售额也有了显著的提升。这充分体现了系统思维在创业中的重要性：只有全面考虑问题，才能找到最有效的解决方案。

——大学生孵化园真实项目转化案例

知识 1-10　5W2H

5W2H 是一种用于问题分析和决策制订的工具，它包括了 5 个 W 和 2 个 H 的关键要素，分别是：what（什么）、why（为什么）、who（谁）、when（何时）、where（何地）、how（如何）以及 how much（多少）。

使用 5W2H 的步骤如下：

（1）what（什么）：明确问题或目标是什么。

（2）why（为什么）：分析问题或目标的原因和重要性，了解目标背后的动机。

（3）who（谁）：确定问题或目标的相关人员或利益相关者，明确责任和相关人员的作用。

（4）when（何时）：确定问题或目标的时间范围、截止日期和关键时间节点。

（5）where（何地）：指明问题或目标的地点范围，这对于特定地域相关的问题更为重要。

（6）how（如何）：明确解决问题或实现目标的具体方法和步骤。

（7）how much（多少）：这一步骤比较适用于需要考虑成本、资源、预算等数量方面的问题，明确资源需求和具体数值。

［实战演绎］

魏明是一名市场营销经理，他决定进行一次市场推广活动，于是使用 5W2H 来规划和组织该活动。以下是他使用 5W2H 的步骤和结果：

what（什么）：市场推广活动，旨在提高产品知名度和销量。

why（为什么）：市场推广活动的原因是提升品牌认知、吸引新客户，并增加销售额。

who（谁）：相关人员包括市场团队、销售团队、设计师、活动策划人员等。

when（何时）：确定推广活动的时间范围、截止日期和重要时间节点，比如活动开始和结束的日期、宣传周期等。

where（何地）：明确推广活动的地点范围，例如线上、线下或特定地区。

how（如何）：制订详细的推广计划，包括活动内容、宣传途径、合作伙伴、奖励方式等。

how much（多少）：考虑预算和资源需求，确定推广活动所需的资金和人力资源。

通过使用5W2H，魏明能够全面规划和组织市场推广活动，确保问题分析和决策制订的全面性和可执行性，确保活动的目标清晰，责任明确，时间把控准确，并按照计划实施推广活动。

知识 1-11 创业者画像

从广义的创业概念理解，大多数人都能成为创业者；从狭义的创业概念理解，当然不可能人人都成为创业者。创业者一词来自英文单词“entrepreneur”，由三个部分（entre，pre，neur）构成。在拉丁语词根中，entre 的意思是“从事”，pre 的意思是“在……之前”，而 neur 的意思是“神经中枢”。因此，按照字面意思，创业者是这样一种人：他们从事了某一项事业（任何一项事业）并且及时形成或者从根本上改变了那项事业的神经中枢。

世界上创业成功的例子非常多：史蒂夫·乔布斯创办了苹果公司，后来苹果公司成为一家伟大的公司；比尔·盖茨创办了微软，这个公司的软件几乎是我们每个人每天都要使用的；20 世纪 90 年代互联网大潮到来之前，张朝阳创立了搜狐；马云创立了阿里巴巴，如今与人们的生活密切相关的淘宝、支付宝等，是马云及其创业团队努力的成果；马化腾创立了腾讯，“QQ”聊天工具、微信都是马化腾及其创业团队为即时通信所做出的贡献；丁磊创立了网易，网易成为我国最早提供互联网服务的公司。此外，广东顺德的王卫因为所在公司要经常往香港地区运送样品，于是他和几个合作伙伴成立了专递快件的公司——顺丰速运公司，成为快递行业的翘楚；黄峥创立了社交电商新模式拼多多，发展很快；最近两年抖音短视频平台凭借强大的社交功能吸引了大量年轻人，它是张一鸣创办的，今日头条的创办人也是他。现在，几乎每天都有新的创业者不断出现，不断有人成功。

从创业者与一般人的区别来看，创业者的特征又有哪些呢？首先创业者具有创新精神，既然创新是创业精神的本质所在，那么创业者趋向于那些具有创新精神的人就不足为奇了。换句话说，他们创造新的方法迎接不同的挑战。其次创业者几乎都是目标导向型的，他们很自然地设定个人目标并且努力去完成这些目标；同时创业者都非常独立，他们大多数都高度依赖自我，并且他们中的许多人都很自然地偏向于独立工作来完成他们的目标。与此同时，创业者具有高度自我掌控命运的意识，创业者很少把他们自己看成是现实的“受害者”，而是坚信自己掌控自己的命运。这可能是由于他们常把消极的环境看作是机会而不是威胁。有证据表明创业者对风险有更多的包容性，并且在找到方法减轻风险方面更具有创造性。最后，创业者对不确定性的包容程度也是大于普通人的，创业者总是比其他人对动态变化且不是特别明确的情况能更快适应。

我们对创业者进行画像时往往可以从以下几个方面入手：他的生活状态是怎样的？他脑子里在想什么？他用手机做什么？什么事让他高兴？什么事让他苦恼？他经常接触什么人？他经常去哪里？他经常吃什么？

[实战演绎]

崔红想创业，但他不知道作为一位文创老板需要做什么，于是他来到孵化园田雨的公司实习，观察田雨每天的工作状态，并进行了画像。崔红在本子上记录了以下内容：他是一个忙碌的创业者，每天都在工作和生活中寻找平衡。他的生活充满了激情和动力，总是为了实现创业目标而奋斗。他经常思考：如何提升设计团队的水平，如何增强客户与公司文化的共鸣，如何扩大业务范围、提升品牌影响力，以及如何增加公司的销售额。田雨思考的问题通常是公司的战略规划、市场趋势、竞争对手以及创新。他也经常思考如何吸引和留住优秀的员工，以及如何使公司更加有竞争力。此外，他还会思考如何将公司的价值观和文化传承给员工，并激发员工的创新精神。崔红发现田雨一般使用手机查看电子邮件，处理工作事务，或与员工和客户进行沟通。他也会使用手机浏览行业资讯，了解市场动态以及查找各种资料。此外，他还会使用手机进行社交活动，扩大人脉圈；但很少用手机看一些娱乐信息。同时崔红记录下田雨高兴的时刻往往都是公司取得重大进展或突破时，例如新产品的发布、公司销售额的增加、客户满意度的提高等。与此同时，田雨在公司遇到困难或失败时都会短暂苦恼，例如，业绩下滑、市场份额减少、团队成员流失或客户投诉等。这些事情会让他感到焦虑和压力，但他会努力寻找解决问题的方法并寻求帮助。崔红还观察到，作为一个创业者，田雨需要与各种各样的人打交道，如与员工、客户、供应商、投资者和其他行业的专业人士保持联系，需要与这些人建立良好的关系并建立信任，以实现公司的目标。

知识 1-12　产品的创意和创新

产品创意是指企业可以为市场提供的某种可能的商品的想法。对于新产品开发而言，产品创意并未涉及具体的产品设计流程，而是对产品的功能和质量概念的构想。这种构想是基于解决用户问题的目标而产生的，并且它也是整个产品创新开发过程的开始。

举一个产品创意的例子：3M 公司在产品实验过程中，做出了一种胶，却发现这种胶的粘性不是很好，如果根据粘性来评价，这种胶是没有利用价值的。但是有些地方却需要这种不太粘的胶，贴上去后要容易撕下来，与纸结合后就是一个易贴易撕的便签了。这就是我们现在说的便利贴的雏形。

产品创新是把一种新的生产要素或生产条件引入生产系统，使产品的核心价值、形式或附加价值发生改变，为企业创造新的市场需求的过程。

在当今竞争激烈的市场环境中，产品创意与创新是企业获得竞争优势的关键。产品创意与创新的实质是资源的转化和价值的创造，它需要我们深入洞察市场需求、掌握行业趋势、不断优化产品设计，以满足消费者不断变化的需求。为此，我们需要关注以下几个方面：

产品创意的价值：产品创意必须具有价值，能够满足市场需求、行业趋势以及顾客的利益。例如，谷歌公司的搜索引擎技术能够满足用户快速、准确地找到需要的信息的需求，从而建立了强大的市场地位。

产品创意的稀有性：产品创意不是所有竞争对手都拥有的，具备独特性。例如，苹果公司的 iPhone 手机在推出时具有独特的设计和功能，能够抓住消费者眼球，竞争对手难以在短时间内推出相同功能或设计的产品。

产品创意的不可模仿性：不可模仿性是指产品创意难以或者不能被竞争者复制，亦或者竞争对手获取它的成本高。例如，特斯拉公司的电动汽车技术使得公司在这个领域中独树一帜。

通过以上分析，我们可以得出以下结论：一个成功的产品创意需要具备价值、稀有性、不可模仿性。总的来说，产品创意与创新的评估是创业过程中非常重要的环节。通过对于产品创意的价值、稀有性、不可模仿性的评估，我们可以更好地理解产品的优势和劣势，发现潜在的商业机会和风险，制订相应的策略，从而应对外部环境的变化。同时，我们还需要关注市场的趋势和用户需求的变化，不断创新和完善产品和服务，提高生产效率降低成本，提高产品质量和服务水平，从而获得更大的市场份额和更高的利润。

［实战演绎］

王华是一位在家乡创业的大学生，他在大学期间主修美术专业。毕业后，他决定将自己的专业知识与对家乡景点的热爱相结合，创办一家文创产品公司。通过创新和创意，王华成功地将家乡的景点转化为一系列颇受好评的文创产品。

王华的文创产品公司以“创意改变生活”为口号，注重产品的设计和研发。他将家乡的风景名胜、历史文化遗产等元素融入文创产品中，使得这些产品不仅具有实用性，更具有艺术性和文化性。王华的设计理念和创新能力得到了广大消费者的认可和喜爱。王华将家乡的景点转化为卡通人物，并赋予他们一系列的故事，让游客更容易产生共鸣和情感连接。同时这些卡通人物还成为旅游品牌的核心形象，吸引更多的游客关注和喜爱，增加游客的参与度和与品牌的黏性。比如，创作了一系列的以当地历史人物或传说为原型的故事，通过卡通人物来展现故事情节。这些故事成为游客了解当地文化和历史的重要途径，同时为他的文创品牌注入更多的文化内涵和特色。

王华非常注重产品的知识产权保护。他深知知识产权对于企业的重要性，因此他及时申请了相关专利，保护公司的核心竞争力。通过合法的知识产权保护，王华的文创产品公司在市场上获得了更大的竞争优势。王华的文创产品公司在市场上取得了很大的成功。

文创产品深受消费者的喜爱，销售量逐年增长。此外，王华还注重产品的品质和细节，确保了公司的产品质量和信誉。这也使得他的文创产品在市场上获得了多项奖项和认可。

王华的文创产品公司的成功得益于他的创新思维、对家乡景点的热爱以及对知识产权保护的重视。他将美术专业知识与市场需求相结合，开发出了多种具有创意和创新的文创产品。未来，王华的文创产品公司将继续推出新的文创产品，满足消费者的不同需求，实现更大的发展。

——大学生孵化园真实项目转化案例

知识 1-13　创新专利申请

1. 专利的本质和分类

“专利”这个词在我们的生活中并不陌生。它是企业创新的保护伞，是企业发展的重要推动力。那么，专利究竟是什么？它又有哪些类别呢？

首先，我们来理解专利的本质。专利，顾名思义，指的是专利权人享有的专利权。在专利权人申请专利成功后，如果有他人未经专利权人的允许擅自使用专利技术，专利权人就有权对其侵权行为进行追责。但这专享的权利并不是无期限的。《中华人民共和国专利法》规定，每一种专利权的法律保护是有时限性的，自申请日开始 10 年至 20 年不等。这也意味着一旦申请专利成功，对专利享有的权利是有期限的。

那么，专利有哪些类别呢？一般来说，专利可以分为三类：发明专利、实用新型专利和外观设计专利。

第一类是发明专利。发明是指对产品方法或其改进方法提出的新的技术方案。发明专利可以分为产品发明专利和方法发明专利。比如：如果你研究出某一种新型解决鼠疫的药品，就可以申请这个药品的专利，这就是产品发明专利。如果你研究出一种新的方式可以改进当前已经有的解决鼠疫的药品，也可以针对这个技术申请专利，这就是方法发明专利。

第二类是实用新型专利。实用新型是指对产品的形状、构造或者其结合所提出的适于实用的新的技术方案。这种技术方案必须具有实用性和新颖性。这里提到的实用性也就是与接下来说到的外观设计专利的一个重要的区分点。

第三类是外观设计专利。外观设计，是指对产品的整体或局部的形状、图案或者其结合以及色彩与形状、图案的结合所作出的富有美感并适用于工业应用的设计。这种外观设计必须是新颖的，而且必须是对产品外观产生视觉效果的。例如，苹果公司的 MacBook 笔记本电脑的设计，就获得了外观设计专利的保护。这些专利保护了苹果的设计创新，使得其他公司无法在未经许可的情况下生产和销售类似的产品。

那么，专利对于企业发展有多重要呢？让我们来看一些具体的数据和案例。

世界知识产权组织（WIPO）发布的年度报告显示，2022 年全球专利申请量增长 1.7%，达到 345 万件，创下新纪录。中国以 158 万件的申请量再次位居第一，华为技术有限公司仍然是迄今为止专利申请数量最多的申请人。这些申请的专利中，有很大一部分来自企业。这说明，越来越多的企业开始重视专利保护，认识到专利对于企业发展的重要性。

如今，在中国“硬科技”浪潮下，互联网科技巨头依旧在其中扮演着重要角色，阿里、腾讯这些大公司一直是中国科技创新的“排头兵”。据阿里巴巴 2022 财经年度显示，阿里的科技研发相关投入已经超过了 1 200 亿元，在全国所有企业里面仅次于华为，而在互联网领域，更是科研投入最高的企业。除了阿里，腾讯也一直把企业科技创新的立足点放在自主发展的基石上。腾讯 2022 年前三个季度其研发累计投入也已经达到 454.75 亿元。这些持续投入也夯实了腾讯的自主研发能力，并实现了自主可控；目前腾讯的自研产品矩阵已经覆盖芯片、操作系统、服务器、数据库、音视频、安全等领域。

总的来说，专利是公司的无形宝藏，是公司发展的重要推动力。对于绝大多数公司来讲，专利往往都是自身的核心竞争力，特别是对小微企业而言，千辛万苦设计出来的一个与其他产品相比具有明显新颖性的产品，如果不申请专利保护，一旦技术被竞争对手掌握，小微企业的竞争力立刻就会被削弱。因此及时申请专利权是保护自己竞争力的一条重要的途径。

2. 申请专利的两条途径和申请周期

（1）申请途径。申请专利的途径一般分为两种。一种是自主申请，另一种是委托代理机构进行申请。无论是哪一种途径，都要缴纳申请费用，如果是发明专利，还需要额外缴纳实质审查费用。当然，如果选择委托代理机构进行申请，还需要向委托代理机构缴纳相关委托费用。

那么如何进行自主申请？首先需要登录国家知识产权局官网，在其政务服务中心的专利栏目当中有相关的申请流程指南和相关文件的模板，按照步骤填写申请即可。

无论是自主申请还是委托代理机构进行申请，其专利申请流程都是一样的。

发明专利申请审批流程：专利申请—受理—初审—公布—实质审查请求—实质审查—授权。

实用新型和外观设计专利的申请流程：专利申请—受理—初审—授权。

（2）申请周期。发明专利申请的一般流程首先是递交申请文件，取得专利局的受理通知书，确定申请日；然后，相关部门对专利申请文件进行形式审查，需 2～3 个月，初审合格后进入公开准备阶段；接着是相关部门公开发明申请文件，这一阶段需 6～8 个月；之后，相关部门对发明专利文件进行实质审查，需一年半到两年的时间；最后，相关部门发出授权通知书，申请人办理领取专利证书手续。对比发明专利的申请，实用新型专利和外观设计专利的审查流程相对简单，因此总体来说申请时间较短。

另外，我国还提供了优先审查的方式，用以缩短审查周期。根据《专利优先审查管理办法》（2017），发明的优先审查周期为 1 年，实用新型和外观设计的优先审查周期均为 2 个月。

3. 申请专利材料撰写中的注意事项

申请发明专利和实用新型的专利必须具备新颖性、创造性和实用性。在申报材料中，我们也需要着重体现这三大特性。

（1）新颖性。新颖性是指在申请日之前，国内外没有公开过与该发明相同或者相近的技术方案。为了确保新颖性，我们在申请专利前需要进行专利检索，查阅相关的专利文献、技术资料和市场信息，以判断我们想要申请的专利是否已经存在。在进行专利检索时，我们可以利用国家知识产权局提供的专利检索系统，如中国专利检索系统快速查询与发明相关的专利文献和技术资料，从而判断我们想要申请的专利是否具有新颖性。此外，我们还可以关注国内外的专业期刊、技术报告和会议论文，以获取更多的技术信息。

同时，我们还要注意保密工作，避免在申请前就泄露了发明的技术细节。任何相关技术论文的刊登、产品的销售都会导致新颖性的丧失。因此，在正式进行专利申请前，要注意专利新颖性的保护；可以通过延缓产品上市、与相关人员签订保密协议来降低风险。

（2）创造性。创造性是指相对于现有技术具有显著的进步。在申请专利时，我们需要充分展示我们的发明与现有发明的差异和优势，说明发明是如何解决现有技术中存在的问题和不足的。在实际操作中，为了证明发明的创造性，我们可以从以下几个方面进行阐述：首先，分析现有技术的局限性和不足；其次，说明发明是如何克服这些局限性和不足的；最后，展示发明相对于现有技术的优势和创新点。在这个过程中，我们需要充分利用图表、数据和实例来验证我们的发明，使审查员能够更好地理解和认可我们的发明。

（3）实用性。实用性是指发明能够在实际生产、生活或者其他领域中得到应用。在申请专利时，我们需要详细说明发明的具体实施方式和应用场景，以及发明带来的技术效果和经济效益。同时，我们还要关注发明的可行性和可操作性，确保发明能够为社会带来实际价值。

4. 申请专利的价值

尽管专利的重要性不能过分夸大，但其价值确实不容忽视。如同前面所提及的，申请和使用专利都需要消耗一定的资源和成本。首先，专利的申请需要支付申请费、审查费等，这些费用通常不菲。其次，获得专利权后，还需要按照规定的时间和金额缴纳年费，这同样是一笔持续的开支。除此之外，专利的申请和维护过程可能会非常耗时且需要投入大量精力。因此，在决定申请专利之前，我们需要慎重权衡利弊，确保专利能为企业带来足够大的实际价值。

那么，专利究竟能为我们带来哪些具体的帮助呢？

（1）保护创新成果。在创业过程中，企业可能需要投入大量资源，用于研发出许多独特的产品或技术。这些创新成果，或者说企业的核心竞争力，往往是企业成功的关键。例如，具有地域特色的外观设计或者独特的产品设计，将创新点与企业联系起来。这些都可能让消费者记住企业。如果没有专利的保护，这些创新成果很容易被竞争对手模仿甚至窃取，将严重损害企业的利益。一旦创新成果被泄露，企业可能会失去竞争优势，甚至可能失去大量的市场份额。因此，申请专利是保护创新成果、确保企业成功的重要手段。

（2）增加企业价值。拥有专利的企业往往比没有专利的企业更有吸引力。投资者通常会更愿意投资那些拥有核心技术和专利的企业，因为他们相信这些企业具有更高的成长潜力和盈利能力。此外，专利还可以作为企业的一种资产，增加企业的市场估值。因此，申请专利有助于提高企业的市场竞争力和吸引投资。

（3）增加授权许可收入。专利权人可以通过向他人授权使用自己的专利来获取收益。这种收益被称为专利许可费。通过许可他人使用自己的专利，专利权人可以将自己的创新成果转化为实际收益，为企业带来更多的利润。同时，许可他人使用专利还可以帮助专利权人扩大市场份额，提高品牌知名度。当然并不是所有专利都可以带来收入。专利许可需要具备一些基本条件：首先，专利权人需要拥有具有商业价值的专利。其次，专利权人需要具备与合作伙伴谈判的能力和技巧。此外，专利权人还需要了解相关法律法规和知识产权保护政策，以保障自己的权益。专利许可是一种有效的商业模式，可以帮助专利权人实现自己的商业目标。同时，许可他人使用专利还可以促进技术转移和科技进步，推动社会经济的发展。当然，由于专利保护期有时效性，当保护期届满以后，意味着专利将会公布于众，所有人都可以免费使用，此时将不会再有授权许可带来的收益了。同时，产品也不再有区别于竞争品的创新优势了。

（4）在专利保护期内，能追究侵权者的责任，降低损失，确保自身的市场占有率。企业拥有专利意味着企业在一段时间内拥有对某一技术的独家使用权。如果竞争对手侵犯了企业的专利权，企业可以通过法律途径追究责任，要求赔偿损失，维护自身的合法权益。这样，不仅可以保护自己的权益，还可以借此机会巩固自己的市场地位，确保自身市场占有率不被瓜分。

［实战演绎］

万燕公司，这家曾因推出中国第一台 VCD 机而享誉全国的企业，在市场开拓出一片全新的天地，并形成了一套卓有成效的技术体系。按理来说，这样的公司应该具有占据VCD市场全部份额的绝对优势。然而，一个决策的失误使得万燕公司失去了原本可以独霸市场的机会。

当时，万燕公司的管理层认为申请专利的意义似乎并不大，他们过于看重产品的市场抢先占有率，而忽视了专利的重要性。这一念之差，导致万燕公司失去了VCD生产销售的垄断地位，使得原本可以独占的市场份额被其他公司抢占，山寨机逐步霸占了市场。因为没有专利保护，万燕公司推出的VCD机被国内外各家电厂商买去作为样机，成为被“解剖”的对象和日后争夺VCD市场的“依靠”。万燕公司面对自己千辛万苦研制的新产品在为他人作嫁衣的状况无可奈何。正是因为没有专利保护，万燕公司丢掉了市场，失去了商机。

基于上述案例真实的教训，在商业竞争中，更多的企业都意识到知识产权的保护至关重要。只有拥有并保护好自己的专利，才能确保企业在市场中保持领先地位，从而获得长足的发展。

行动派：课后任务清单

行动 1-1　寻找学习导师

请选定一个学习导师，他不能是你的家族成员或朋友，希望通过你自己的努力，找到目标导师，这样做可以扩大你的人脉资源，锻炼能力。你可以选择校友中的佼佼者，也可利用教师、创业协会等校内资源，寻求他们的帮助。选择标准：导师所在的企业成立三年以上，去年盈利在100万元以上，主营业务具有明显的创新点，且具有一定的行业或区域影响力；导师为职业经理人或创业者，最好有本科以上学历。完成作业，你需要提供以下材料：

□导师姓名：

□导师年龄：

□导师学历：

□所在单位成立时间：

□所在单位的主营业务：

□所在单位的业务进展情况：

□所在单位的人员规模：

□所在单位去年的利润额：

□他对工作（或创业）的感受：

□他是怎样看待创业精神的：

□他对自己今后的规划是什么：

最后你可以向创业者询问联系方式，如电话、微信、QQ、邮箱等，以便日后有时间再进行深入的讨论。

与你的导师谈谈你对你所在专业有哪些创新趋势的思考，将导师的反馈记录下来。需要将你们的谈话（聊天）记录截图贴在作业本上；如果是面谈，需要附上你们的现场合影。

第二章
创业机会识别

- 第二章　创业机会识别
  - 任务
    - 2-1　揭开机遇之谜
    - 2-2　探寻无限可能
    - 2-3　锁定黄金突破点
  - 知识
    - 2-1　效果逻辑
    - 2-2　机会的本质
    - 2-3　商业机会与创业机会
    - 2-4　发现机会的三条路径
    - 2-5　需求匹配
    - 2-6　需求象限分析
    - 2-7　客户思维
    - 2-8　问题画布
    - 2-9　用户画像
    - 2-10　同理心和同理心地图
    - 2-11　用户旅行地图
    - 2-12　5why 分析法
    - 2-13　市场调查
    - 2-14　波特五力分析法
    - 2-15　鱼骨图分析法
    - 2-16　SWOT 分析法
    - 2-17　PEST 分析法
    - 2-18　4P 营销理论
    - 2-19　行业报告分析
    - 2-20　SMART 原则
  - 行动
    - 2-1　探寻创业项目

任务调度：创业奇遇探索

任务 2-1　揭开机遇之谜——关联知识 2-1，2-3

1. 你认为什么是商业机会？

____

____

2. 如果你穿越到 30 多年前，当时还没有海底捞火锅店，你确定在未来做一家火锅连锁店可以到上百亿的资产并布及全球，你能像张勇（海底捞创始人）一样创立海底捞餐饮企业吗？为什么？

______

______

3. 如果你穿越到 20 多年前，当时还没有马云和他的团队。你确定在未来 20 年互联网零售业务将会是国内的顶流，你能像马云一样创立阿里巴巴商业集团吗？为什么？

______

______

4. 如果你穿越到 10 多年前，当时还没有雷军和他的小米，你确定在未来国产手机市场有着巨大的空间，你能像雷军一样创立小米手机品牌吗？为什么？

______

______

5. 如果你穿越到 5 年前，当时还没有 chatGPT 和 openAI 团队，你知道未来十年 AIGC 技术将成为改变人类历史的技术，你能组建一支团队打造出 chatGPT 产品并将其以 130 亿美元卖给微软吗？为什么？

______

______

______

6. 为什么你确定有的商业机会，却没有办法抓住它？

______

______

______

7. 商业机会与创业机会的区别是什么？

______

______

______

8. 如果可以选择，你认为让你穿越到过去的哪个时候，做什么能创业成功？为什么？

______

______

______

9. 你认为创业成功的重要条件是什么？

10. 你认为机会的本质是什么？

任务 2-2　探寻无限可能——关联知识 2-2，2-3，2-4，2-5

九宫格需求嗅探：

（1）组成 N 组，每组 4～6 人。

（2）在九宫格上分三行写出：三个专业前沿（热点）问题（新趋势、新融合、新应用、新技术等）；三个社会问题；三个身边的问题（学校、个人、家庭）。

三个专业前沿（热点）问题（新趋势、新融合、新应用、新技术等）→			
三个社会问题 →			
三个身边的问题（学校、个人、家庭）→			

（3）小组选出 9 个最有价值的问题，写在一张新的九宫格上。

三个专业前沿（热点）问题（新趋势、新融合、新应用、新技术等）→			
三个社会问题 →			
三个身边的问题（学校、个人、家庭）→			

（4）选派一名代表到相邻小组讲述（A 到 B 组讲述，B 到 C 组讲述……），B 组评审 A 组的问题。选出：

最有价值的问题：

最有商机的问题：

最容易解决的问题：

最简单的问题：

（5）在空白处写出理由，拍照发到班级群中。

（6）小组代表向全班解释评选理由。

（7）汇总班级内的四类问题，分别讨论：为什么是这些问题？他们有什么共同特点？

任务 2-3　锁定黄金突破点——关联知识 2-5，2-6

1. 需求匹配。

请根据九宫格的讨论结果，联系自己的资源，分析结果，写出你想要做的项目名称：

____

2. 问题画布。

请分析你想要做的项目，思考你要解决的是什么问题？请填写以下表格的每个部分：

问题画布

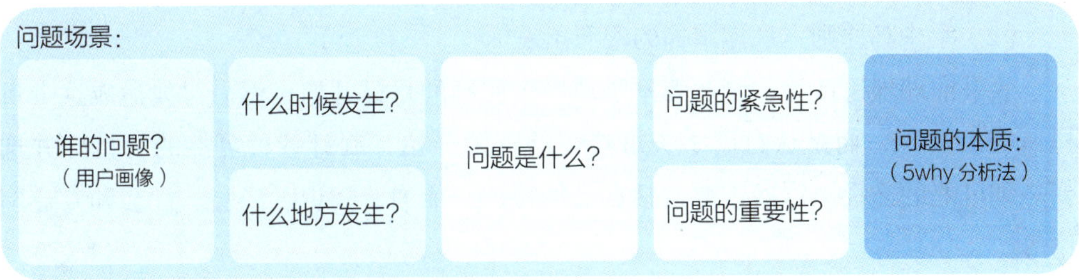

3. 5why 分析。

你认为这个问题的本质原因是什么？通过不断地提问，找到问题的源头：

____

____

____

4. 同理心。

就所要解决的问题，找到一名可能的相关对象进行访谈，填写下方的同理心地图。

知识星系：创业机会识别

知识 2-1 效果逻辑——关联知识 4-2，5-1，6-4，6-5

美国弗吉尼亚大学达顿商学院的萨拉斯教授提出的效果推理理论，被认为是创业研究领域最具原创性的成果，是当前应用于创新和创业领域的决策方式。相较于因果推理，效果推理是从手头可获得的资源开始，制订各种可能的新目标并选择一种可能的途径；而因果推理是从给定的目标开始，然后选择最佳策略来达成这个目标。

基于效果推理理论的创业思维有五大核心原则：

（1）总原则：像飞行员一样，通过控制管理不确定性。

效果推理理论认为，未来是不可预测的，但是可以通过人的行动来创造和控制。创业者不是试图预测未来的市场需求和竞争情况，而是试图创造新的市场和机会，通过实验和反馈来调整和优化自己的产品和服务。

（2）手中鸟原则：从你掌握的资源出发。

效果推理理论认为，创业者不是从一个明确的目标开始，然后寻找达成这个目标所需的资源，而是从自己手头可获得的资源开始，制订各种可能的新目标并选择一种可能的途径。这些资源包括自己的特征、能力、知识、经验、社会和专业网络等。

（3）设置可承受损失原则。

效果推理理论认为，创业者不是根据预期的回报来选择最佳的策略，而是根据自己能够承受的损失来决定投入的资源和风险。创业者不是试图最大化收益，而是试图最小化失败成本，通过快速和廉价的试错来学习和改进。

（4）柠檬水原则：利用偶然性。

效果推理理论认为，创业者不是试图避免或消除不确定性和意外，而是试图利用不确定性和意外，将它们转化为机会和创新。创业者不是按照一个固定的计划来执行，而是根据环境的变化和反馈来调整和优化自己的行动。

（5）疯狂的被子原则：建立合作关系。

效果推理理论认为，创业者不是试图分析和击败竞争对手，而是试图建立和维持与各种利益相关者的合作关系，包括客户、供应商、合作伙伴、投资者等。创业者不是试图满足一个已经存在的市场需求，而是试图与利益相关者共同创造一个新的市场需求，通过协商和承诺来确定和实现共同的目标。

效果推理的主要目的是通过利用创业者现有的资源，从中发现和构建新的机会，使其能够在未知或不确定的环境中行动。

[实战演绎]

林华是一名大三学生，对健身充满热情并拥有相应的专业知识，他认识了一些志同道合的朋友，他们希望在大学校园推广健身文化。林华和团队首先列出了他们在健身方面的资源，如丰富的专业知识、有吸引力的健身活动想法以及一些有影响力的同学。“微型健身课程”就此诞生，针对不同年级的学生提供合适的锻炼计划。尽管他们的最终目标可能是成立一家健身文化公司。但起初，他们只关注在校园内传播健身理念，提高学生的健身参与度。他们迅速采取行动，在校园内举办了一系列免费的健身活动，邀请专业教练进行技巧培训，还面向校园社交媒体进行宣传，这些活动在校园内获得了良好的口碑。他和团队对每次活动的反馈进行了仔细研究。他们从学生的反馈意见中发现了哪些健身讲座和课程最受欢迎，哪些方式最不受欢迎，并对活动进行调整和优化。随着时间的推移，团队发现，如果将健身课程在线化，并提供个性化服务，可能会吸引到更多人。因此，他们开始开发在线平台，提供在线课程，使更多的学生可以更方便地参与训练。

——大学生孵化园真实项目转化案例

知识 2-2　机会的本质——关联知识 1-3，5-1

机会是一种能够为某个问题提供新颖有效的解决方案，或者能够为某个需求提供有价值的满足方式。机会是一种创造价值的可能性，来源于对现有情况的分析和改进，或者对未来趋势的预测和把握。例如，当人们面临交通拥堵、污染、成本等问题时，就存在着开发新型交通工具的机会；当人们有了更多的娱乐、学习、社交等需求时，就存在着开发新型网络平台的机会。这些机会都是基于对问题和需求的理解和挖掘，以及对解决方案和满足方式的创新和设计。

因此，机会的本质是解决问题，满足需求。

知识 2-3　商业机会与创业机会——关联知识 3-1，5-1

商业机会和创业机会是两个经常被混淆的概念，它们之间有着本质的区别，也有着密切的联系。

什么是商业机会？商业机会是一种能够创造价值的新颖的解决方案，它来源于市场、社会或技术的变化和需求。商业机会可以是一个新的产品、服务、过程、模式或平台，它能够满足消费者的需求、解决消费者的问题或改善消费者的体验。商业机会是创业的基础和动力，没有商业机会就没有创业。商业机会可以帮助创业者发现市场空缺、抓住市场机遇、建立竞争优势、实现价值创造和价值获取。

什么是创业机会？创业机会是一种能够实现价值交换的有效的行动方案，它来源于创业者对市场、社会或技术中存在的问题或需求的感知和选择。创业者需要根据自己的特质、能力、资源和目标来发现和利用适合自己的问题或需求，并将其转化为有价值的产品或服务。

商业机会和创业机会的区别：商业机会是一种客观存在的市场现象，而创业机会是一种主观感知的个人选择。不是所有的商业机会都适合所有的创业者，也不是所有的创业者都能发现和利用所有的商业机会。创业者需要根据自己的特质、能力、资源和目标来选择和创造适合自己的商业机会。

商业机会和创业机会的联系：商业机会和创业机会是相互依赖和相互影响的，没有商业机会就没有创业机会，没有创业机会就无法实现商业机会。商业机会为创业者提供了可能性和潜力，而创业者为商业机会提供了可行性。

知识 2-4　发现机会的三条路径——关联知识 5-4

创业机会是创业者从自身的能力、资源出发，通过科学分析与决策之后的认识。但是，创业机会并不是随处可见的，也不是一成不变的。创业者需要根据不同的需求来源、探索方式、机会类型和竞争环境，选择和创造适合自己的商业机会，并将其转化为可行的创业项目。那么，如何发现机会呢？一般有三条路径：社会路径、个人路径和学科路径，它们分别对应于不同的需求来源、探索方式和机会类型。

1. 路径 1：宏观机会的识别——社会路径

发现机会的方法是从所有人的需求出发，关注热点和风口行业，迎合消费者的需求，通常侧重 C 端市场（即消费者，consumer），面对显性的机会和红海竞争。其特点是：

需求来源：社会路径的需求来源于市场、社会或技术的变化和需求，它们是所有人或大多数人都有的共同或普遍的需求，如交通、教育、娱乐等。这些需求通常是显性的，即消费者已经意识到并表达出来的需求。

探索方式：社会路径的探索方式是关注热点和风口行业，即那些有着高速增长、高利润、高关注度的行业，如新能源、电商、互联网等。但这些行业通常是红海的，即竞争激烈、同质化严重、利润空间小的行业。

机会类型：社会路径的机会类型是迎合消费者的需求，即那些能够满足消费者已有或潜在的需求，提高消费者的满意度和忠诚度的机会，如提供更好、更便宜、更快捷的产品或服务等。这些机会通常是面向最终消费者的机会。

社会路径的优势是需求量大、市场广阔、用户易得、收入稳定。社会路径可以利用市场和社会的变化和需求，找到有着巨大潜力和规模的商业机会，吸引和留住大量的用户，实现稳定和可持续的收入。劣势是竞争激烈、创新难度大、风险高昂、利润薄弱。社会路径需要面对红海竞争，即那些有着众多竞争者、同质化产品、价格战等特征的行业，不断创新和改进，以保持自己的竞争优势和差异化。社会路径需要承担高昂的成本和风险，如投入大量的资金、人力、时间等资源，以及应对市场、政策、技术等方面的不确定性。社会路径需要接受薄弱的利润空间，如降低价格、提高质量、增加服务等方式，以吸引和留住用户。

［实战演绎］

故事的主角是雷军，一个曾经辉煌过的 IT 精英。他曾经在金山软件做过总经理，带领公司上市，成为中国软件界的传奇人物。但是，他却没有实现自己的心愿，就是创办一家世界一流的公司。

就在这时，他发现了一个问题，也是一个机会。他发现，随着智能手机的普及，移动互联网的风口已经到来，这是一个千载难逢的机遇。他想，为什么不自己做一款智能手机呢？如果他能做出一款能够让用户爱不释手的智能手机，他就能够重新点燃自己的创业热情，实现自己的心愿，也能为社会带来一些改变。

于是，他拉上了几个志同道合的伙伴，一起喝了锅小米粥，决定开始做手机。他们给自己的公司起了一个名字，小米（Mobile Internet，缩写 MI），寓意着他们的愿景——用移动互联网的方式，做出一款让用户满意的手机。小米手机，就是小米公司的第一款产品，也是他们的骄傲，他们希望通过小米手机，打造一个属于自己的品牌和生态。

他们开始了一段艰苦的创业旅程，一系列的探索和实验，一次次的失败和成功。他们利用互联网的工具和方法，与用户进行深度的沟通和交流，了解用户的需求和反馈，不断地改进和优化自己的产品和服务，提高用户的体验和满意度。他们还利用互联网的平台和渠道，进行高效的推广和销售，降低成本和价格，提高市场份额和收入。同时他们利用互联网的资源和合作，建立强大的供应链和分销网络，保证产品的质量和数量，提高竞争力和影响力。

2. 路径 2：身边机会的发现——个人路径

个人路径这种发现机会的方法是从个别人的需求出发，审视自己和周围人的生活问题，通过整合自己的条件和资源，匹配消费者的需求，通常有着平衡的 C 端和

B 端市场（即企业客户群体，business），面对半显性机会和中性竞争。其特点是：

需求来源：个人路径的需求来源于自己和周围人的生活问题，它们是个别或少数人有的特殊或细分的需求，如健康、安全、美容等。这些需求通常是半显性的，即消费者可能没有明确地意识到或表达出来的需求。

探索方式：个人路径的探索方式是审视自己和周围人的生活问题，即那些在日常生活中遇到的困难、不便、不满等问题，如交通拥堵、空气污染、垃圾分类等。这些问题通常是中性的，既有竞争者又有合作伙伴，既有机会又有风险。

机会类型：个人路径的机会类型是整合自己的条件和资源，匹配消费者的需求，即那些能够利用自己的专业知识、技能、经验、兴趣等条件和资源，为消费者提供更好、更方便、更个性化的产品或服务等。这些机会通常是平衡 C 端和 B 端的，既面向最终消费者又面向中间商或企业。

个人路径的优势是需求细分、市场空缺、用户忠诚、收入高额。个人路径可以利用自己和周围人的生活问题，找到有着细分和特殊的商业机会，填补市场空缺。个人路径可以利用自己的条件和资源，为消费者提供更好、更方便、更个性化的产品或服务，增加用户的忠诚度和口碑。个人路径可以实现高额的收入，因为消费者愿意为更好、更方便、更个性化的产品或服务付出更高的价格。劣势是需求不稳定、市场变化快、用户难得、收入不稳定。因此，个人路径需要面对不稳定和变化快的需求、不确定的市场，还要花费更多的时间和精力来寻找和吸引用户，另外，个人路径还要承担不稳定和波动大的收入。

［实战演绎］

多邻国（Duolingo）是一个语言学习平台，让用户可以通过游戏化的方式学习不同的语言，享受免费和有趣的学习体验。

多邻国的创始人是路易斯·冯·安恩（Luis Von Ahn），他是一个计算机科学家，曾经在谷歌工作过。他发现自己和他周围的人都有学习外语的需求，但是传统的语言学习方法太贵、太无聊、太低效。他想到了一个创意：为什么不让用户可以通过玩游戏的方式学习语言呢？这样既可以降低成本，又可以增加乐趣和效果。

他决定把这个想法变成一个网站——多邻国，意思是多语言的邻居，让任何人都可以在任何地方免费学习任何语言。他用自己的知识和技能，开发网站和 App，并在互联网上推广。他通过社交媒体、口碑、合作等方式，让用户可以分享和推荐多邻国，从而获得更多的用户和更好的声誉。

这个案例说明个人路径是如何发现机会并实现价值创造和价值获取的。多邻国的创始人通过审视自己和周围人的生活问题，找到有着广泛需求和差异化解决方案的商业机会，利用自己的条件和资源，匹配消费者的需求，平衡C端和B端市场。

3. 路径3：学术机会的探索——学科路径

学科路径发现机会的方法是从专业突破和科学研究出发，探索和引导未来的需求，创造自己的解决方案和满足方式，一般侧重B端市场较多，通常面对隐性的机会和蓝海竞争。其特点是：

需求来源：学科路径的需求来源于专业领域或学科领域的技术、理论或应用的进步和创新，它们是未来或潜在的需求，如人工智能、生物技术、新材料等。这些需求通常是隐性的，即消费者还没有意识到或表达出来的需求。

探索方式：学科路径的探索方式是从个人的学科、专业视角出发，看看在本专业的技术、理论或者应用上，有哪些新的问题与探索方向。这种方法是通过创造性地结合或拓展不同领域或行业的问题和需求，形成自己独特的解决方案或满足方式（创造机会）。

机会类型：学科路径的机会类型是引导消费者的需求，即那些能够为消费者提供前所未有或超出预期的产品或服务，引领消费者的需求和体验，如提供更智能、更安全、更环保的产品或服务等。这些机会通常是B端的，即面向企业或机构的机会。

学科路径的优势是创新性强、竞争力高、利润丰厚、影响深远。学科路径可以利用专业领域或学科领域的技术、理论或应用的进步和创新，找到有着独特性和先进性的商业机会，建立自己的竞争优势和品牌形象。学科路径可以实现高额的利润回报，如通过专利、许可、合作等方式获取收入。学科路径可以对社会和环境带来积极的影响，如通过改善人类生活质量、促进社会进步、保护生态环境等方式实现价值。劣势是风险大、成本高、周期长、用户难得。学科路径需要面对蓝海竞争，即那些有着少量竞争者、差异化产品、价格弹性等特征的行业，需要投入大量的时间、精力、资金等资源，以进行技术研发、市场调研、产品测试等活动，而且需要经历长期的研究和开发过程，以实现技术突破和商业化。另外，学科路径需要培养和教育用户，以增加用户对产品或服务的认知度和接受度。

[实战演绎]

OpenAI是一个人工智能研究机构，致力于创建和推广友善的人工智能，让人类可以共享和受益于人工智能的发展。

OpenAI 的创始人是一群来自不同领域和背景的人工智能专家、企业家、投资者和慈善家，他们共同拥有一个愿景，即创建一个能够与人类合作和竞争的通用人工智能（AGI），并确保它对人类有益。他们认为 AGI 是一个跨学科路径的商业机会，即它是未来或潜在的需求，可以为人类带来前所未有的福祉和进步。他们想到一个创意：创建一个开放和非营利的平台，让任何人都可以参与 AGI 的研究和开发。这样既可以促进技术进步，又可以保证技术公平和安全。

他们决定把这个想法变成一个机构——OpenAI（开放的人工智能），任何人都可以在任何地方访问或使用 OpenAI 的产品和服务。他们用自己的知识和经验，组建了一个团队，并在互联网上推广。他们通过社交媒体、博客等媒介，让用户可以了解和使用 OpenAI 的产品和服务，并提供反馈和建议。

其中，ChatGPT 是 OpenAI 团队最具代表性的产品之一，它是一个基于大语言模型 GPT-4 开发的聊天机器人，可以与用户进行流畅、有趣、有意义的对话；ChatGPT 可以实现多种语言任务，如问答、闲聊、故事生成、情感分析等；ChatGPT 也可以作为其他类型内容生成的基础，如图像描述、音频转写、视频字幕等。

这个案例说明了学科路径是如何发现机会并实现价值创造和价值获取的。OpenAI 团队从专业突破和科学研究出发，找到了有着独特性和先进性的商业机会，建立自己的竞争优势和品牌形象。他们创造性地结合或拓展不同领域或行业的问题和需求，形成了自己独特的解决方案或满足方式（创造机会）。他们利用专业领域或学科领域的技术、理论或应用的进步和创新，实现了高额的利润回报，如通过专利、许可、合作等方式获取收入。他们为社会和环境带来了积极的影响，如改善人类生活质量、促进社会进步、保护生态环境等，以实现自我价值。

知识 2-5　需求匹配——关联知识 1-10，1-11，3-1

需求匹配是指根据自己的特质、能力、资源和目标，选择和创造适合自己的商业机会。需求匹配是筛选创业机会的第一步，它可以帮助自己确定优势和方向，也可以使自己避免选择超出自己能力范围或不感兴趣的商业机会。需求匹配是最基本也是最重要的工具和方法，它需要对自己有一个清晰和客观的认识，也需要对市场有一个基本和全面的了解。

需求匹配的方法有以下几个步骤：

第一步，确定自己的特质、能力、资源和目标。这一步需要对自己有一个清晰和客观的认识，包括性格、兴趣、专业、技能、经验、资金、人脉、愿景等方面。可以通过做测试或问卷，或者向身边的人征求意见，来了解自己的优势和劣势，以及自己想要实现的价值和目标。

第二步，寻找和分析市场中存在的问题或需求。这一步需要对市场有一个基本和全面的了解，包括市场的规模、结构、趋势、变化等方面。可以通过阅读和观看相关的书籍、文章、视频、网站等资源，或者参与一些活动和项目来获取更多的知识和信息。也可以通过访谈、问卷、观察等方式，与目标用户进行深入的沟通，了解他们的需求、问题、期望和反馈等。

第三步，匹配自己的特质、能力、资源和目标与市场中存在的问题或需求。这一步需要对自己和市场进行一个综合的评估，找出那些既符合自己的条件和目标，又有着较大市场潜力和价值的问题或需求。可以通过使用一些工具或方法，如 SWOT 分析法、SMART 原则等，来帮助进行匹配和筛选。

第四步，验证和优化自己选择或创造的商业机会。这一步需要对自己选择或创造的商业机会进行一个实际且有效的验证和优化，确保它能够满足用户的需求、解决用户的问题或改善用户的体验。你可以通过设计并测试最小可行性产品（minimum viable product，MVP）或者假设验证（hypothesis testing）等，来收集用户的反馈和数据，并根据结果进行调整和改进。

[实战演绎]

王兴从小就对计算机和互联网感兴趣。他通过自学和参加竞赛，获得了清华大学计算机系的保送资格。在清华大学读书期间，他参与了一些互联网项目的开发和运营，积累了一定的经验和资源。2003 年，王兴毕业后，与同学一起创办了自己的第一家互联网公司——校内网。校内网是一个专门为大学生提供社交和娱乐服务的网站，它很快就受到了广大学生的欢迎，并且开始盈利。2006 年，王兴将校内网卖给了千橡互动集团，并加入了千橡互动集团，担任副总裁。

2007 年，王兴在一次到美国硅谷出差时，发现了一家叫 Groupon 的团购网站，对它的商业模式印象深刻。他认为这种模式非常适合中国市场，于是回到中国，辞去了千橡互动集团的职务，并在 2009 年创办了自己的第二家互联网公司——美团网。美团网是一个专门为消费者提供各种优惠券和团购服务的网站，它能够满足消费者节省钱、享受生活的需求。

这个故事告诉我们，需求匹配对创业的帮助有以下几点：

需求匹配可以帮助创业者找到自己感兴趣和擅长的领域和方向，从而增强动力和信心。王兴对计算机和互联网有着浓厚的兴趣和扎实的基础，他选择了与自己相关的领域和方向来创业，从而发挥了自己的优势和潜力。

需求匹配可以帮助创业者发现市场中存在的问题或需求，并且提供有效的解决方案或满足方式，从而吸引和留住用户。王兴发现了市场中存在的社交和娱乐、节省钱和享受生活等问题或需求，提供了校内网和美团网等有效的解决方案或满足方式，从而吸引和留住了大量的用户。

需求匹配可以帮助创业者抓住市场中存在的机会或潜力，并且利用自己的条件和资源来实现价值交换，从而实现收入和利润。王兴抓住了市场中存在的社交网络和团购网站等机会或潜力，利用自己的经验、资源、人脉等条件和资源来实现价值交换，从而实现收入和利润。

知识 2-6　需求象限分析——关联知识 1-10，1-11，2-8

需求象限分析是一种用来评估和优化需求的方法，它通过将需求按照重要性和紧急性两个维度进行划分，将需求分为四个象限：重要且紧急、重要不紧急、不重要但紧急、不重要不紧急。需求象限分析基于四象限法则，它认为每一个需求都有其背后的价值和风险，而每一个价值和风险又可以用重要性和紧急性来衡量。通过不断地问“为什么”，来揭示需求的本质，找到可以优先或延后处理的需求。具体步骤如下：

第一步，明确并描述需求。要用清晰和具体的语言来表达需求，避免模糊或主观的词语；要尽量用数据或事实来支持需求的存在和价值。

第二步，对需求的重要性和紧急性进行评估并打分。要根据需求对产品或服务的贡献、影响、风险等因素，给需求的重要性和紧急性进行打分，一般采用 0～10 分的评分标准，0 分表示最不重要或最不紧急，10 分表示最重要或最紧急。

第三步，绘制并填写需求象限图。根据需求的重要性和紧急性的得分，将需求放入相应的象限中，一般以 5 分为中间点，将横纵坐标划分为四个象限。每个象限表示不同类型的需求，如图 2-1 所示。

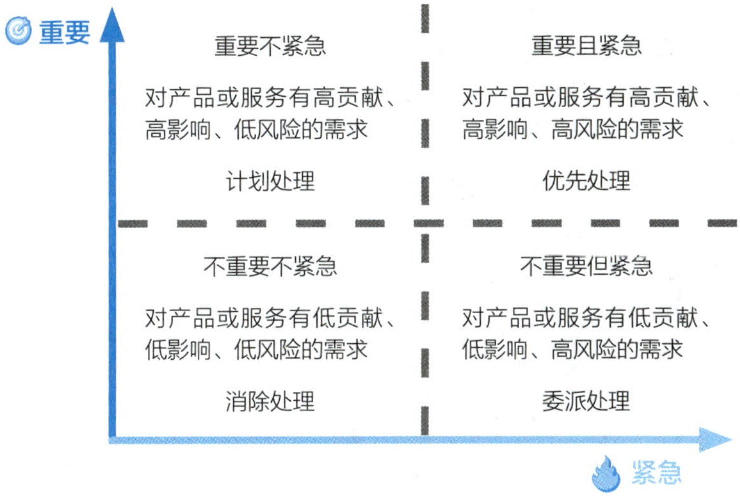

图 2-1　需求象限分析

第四步，制订并执行需求处理计划。根据不同象限的需求类型，制订相应的处理计划，并将其付诸于行动。要注意区分临时对策和永久对策，临时对策是为了控制或缓解问题的影响，永久对策是为了消除或预防问题的发生。

第五步，验证并跟踪需求处理结果。在执行需求处理计划后，要检查并评估计划的效果，看是否达到了预期的目标，并且没有引起其他的问题。要持续地监测和跟踪结果，以确保需求得到有效和及时的处理。

[实战演绎]

李想和几位大学同学正在筹划一个校园二手物品交易平台，这个平台允许学生买卖他们不再需要的课本、电器、家具等商品。他们面临着诸如技术开发、市场推广、用户服务等需求，而限制他们的是有限的时间和资金。

使用需求象限分析：

第一步，明确并描述需求：

技术开发：设计和开发一个易于使用的、界面友好的交易网站和手机应用程序。

市场推广：通过各种方式推广这个平台，比如通过社交媒体、校园海报等。

用户服务：设立帮助中心或客服团队以解决用户在交易过程中的问题。

第二步，对需求的重要性和紧急性评估并打分：

技术开发（重要性 10 分、紧急性 10 分）：不管怎样，这个交易平台如果不能正常运行，那么项目就无法继续。

市场推广（重要性 8 分、紧急性 6 分）：一旦平台建立起来，这个需求就成了重要且紧急的。

用户服务（重要性 7 分、紧急性 4 分）：在初期，平台的用户可能还不多，用户服务可作为一个重要但不紧急的需求来处理。

第三步，绘制并填写需求象限图，如图 2-2 所示。

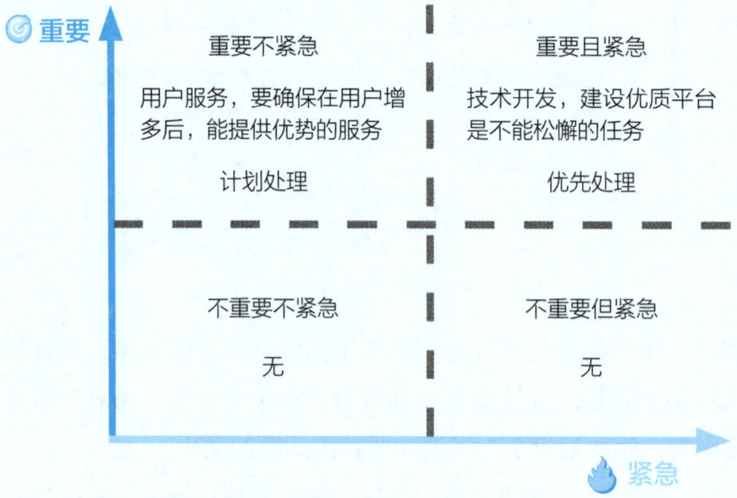

图 2-2　校园二手物品交易平台需求象限分析

通过需求象限分析，李想和他的团队更清晰地知道项目的需求，确定优先级和时间表，使得他们的资源能得到充分的利用。

知识 2-7　客户思维

客户思维是指以客户为中心，从客户的需求、期望和体验出发，通过深入了解客户的痛点和需求，提供个性化的解决方案和服务，从而增强客户的满意度和忠诚度。

客户思维的核心是关注客户，了解他们的需求和期望，并以此为基础来制订业务策略和决策。这种思维方式要求企业不断地与客户进行沟通和互动，收集反馈信息，并根据这些信息进行改进和优化。在实际应用中，需要与客户建立长期稳定且信任的关系，通过市场调研、问卷调查等方式，深入了解客户的需求、痛点和期望；并根据客户的需求和特点，提供个性化的解决方案和服务；以及通过持续的反馈和改进，不断提高产品和服务的质量，满足客户的需求和期望。

[实战演经]

一家名为"创新科技"的电子产品制造公司。他们一直致力于开发创新的产品，以满足客户的需求和期望。然而，最近一段时间，他们发现自己的销售业绩开始下滑，客户流失率也在增加。为了解决这个问题，公司决定采用以下的方法来重新审视产品开发过程。

首先，他们意识到只有与客户进行持续地沟通和交流，才能真正了解客户的需求和痛点。他们便开始定期与客户进行电话会议、面对面会议和在线讨论，以保持紧密的联系。这种关系的建立不仅让客户感受到公司的关心和关注，还增强了客户的忠诚度。

其次，公司为深入了解客户需求，进行了市场调研和问卷调查，收集大量的客户反馈和意见。通过分析这些数据，他们发现了一些潜在的问题和改进的空间。例如，客户普遍反映现有产品的界面设计不够直观友好，使用起来不够便捷。这启发了公司的设计团队，他们决定重新设计产品的用户界面，以提高用户体验。

另外，公司根据前面收集到的信息，准备针对部分客户提供个性化的方案。他们意识到每个客户都有不同的需求和偏好，因此决定根据客户的特定要求来定制产品和服务。例如，有一位客户是一家医疗机构的负责人，他希望产品能够适应他们的特殊需求并符合医疗行业的规范。公司的设计团队与该客户密切合作，根据其要求进行定制化开发，最终提供了一款完全符合其需求的医疗设备。

最后，公司持续改进和优化产品。他们不断接受客户的反馈和建议，并将其作为改进的动力。例如，一位客户提出了一个新的功能需求，希望产品能够支持远程监控和管理。公司的设计团队立即响应并着手开发这个新功能，并在后续版本中推出。这种持续的改进和优化提高了产品的质量和性能，满足了客户的需求和期望。

通过应用客户思维的方法，创新科技公司成功地扭转了销售业绩下滑的趋势。他们的产品得到了广大客户的认可和支持，市场份额也逐渐扩大。这体现了客户思维的应用和价值。

——大学生孵化园真实项目转化案例

知识 2-8 问题画布

问题画布是一种用来描述、评估、沟通、重构以及呈现问题的工具。对于创业者来说，了解并运用问题画布可以更清晰地定义和理解问题，也可以帮助与其他人分享和讨论问题。核心是通过问题场景分析找出问题的本质，即通过分析问题发生的时间、地点、人物、动机、行为、结果等要素，来揭示问题的本质和影响。

问题画布的结构：问题从哪儿来（左半边）→问题怎么样（右半边）→问题是什么（中间）。

问题画布的各个部分的含义和作用如下：

问题场景部分：描述问题发生的场景，包括出现问题的人物，指明是谁遇到了这个问题，他们是什么身份等，例如“大学生”“教师”“学校”等。问题发生的时间，强调是什么时候发生的这个问题，它是持续性的还是突发性的，例如“在大学军训期间”“吃饭时”“考试前”等。问题发生的地点，指出在哪里发生的这个问题，它是全局性的还是局部性的，例如“在中国”“在北京”“在寝室”等。

问题的分析部分：描述问题的内容与程度，可以用一句话简洁地描述问题的主要内容，例如“大学生缺乏创新创业教育”。问题的紧急性指出是否需要立即解决，它会不会对相关人员或组织造成严重的损失或危机，例如“非常紧急”“比较紧急”“不太紧急”等。问题的重要性强调是否值得解决，它会不会对相关人员或组织带来显著的收益或机会，例如“非常重要”“比较重要”“不太重要”等。

问题本质：用一句话简洁地描述问题产生的根本原因，可以是内部或外部的原因，例如造成大学生缺乏创新创业教育的原因主要包括“教育体制和政策的不完善和不支持；教师队伍的不足和不专业；教学内容和方法的不更新和不实用；学生心态和能力的不积极和不自主”。

［实战演绎］

张心是一名抱着满腔热情和无数梦想即将毕业的大学生。他在北京的一所大学学习计算机科学，虽然在校成绩优秀，还有一些实习经历和项目经验，但当他面临就业选择时，却深感无从下手。

每天，张心都会在众多职业网站上投递简历，让他困惑的是，往往只有一小部分的公司会给予回应，提供面试机会的更是寥寥无几。而在面试过程中，他发现自己的专业知识和实践经验跟市场的需求总是存在一些不匹配，与此同时，求职过程的竞争非常激烈，许多同学都有着类似的困扰。

眼看着毕业的日期越来越近，张心越来越忧虑，就业问题显然是迫在眉睫的，他需要找到一份工作以稳定未来的生活。他甚至开始怀疑自己的能力，因为市场上似乎充斥着各种高标准的就业需求。所有这些，让原本自信、有梦想的张心，感受到了前所未有的焦虑。

其实，张心的困扰并不是个例，许多即将毕业的大学生，都会遇到类似的问题。大学生与市场需求的脱节，自身的实践经验和面试技巧不足，以及市场竞争的激烈性，导致很多人在职业生涯的第一步就遇到了困难。这样的问题，已经迫在眉睫，却又非常重要，它不仅影响着大学生们的未来，也影响着整个社会的发展与稳定。问题的根本原因需要以市场视角来寻找答案，以便提供更有针对性的解决方案。

——大学生孵化园真实项目转化案例

知识 2-9 用户画像——关联知识 1-3，1-11，2-8，3-3，5-1

用户画像是指通过对目标用户进行细致而全面的描述和定义，包括其特征、兴趣、需求、行为习惯等方面的信息，以便更好地理解和满足用户的需求。用户画像是市场营销和产品开发中的一种关键工具，对于创业者来说，了解并运用用户画像能够帮助他们更精准地定位目标用户，设计产品或服务，提升用户体验。创业者可以通过多种途径收集用户数据，例如市场调研、用户调查、用户行为分析等。这些数据包括用户的基本信息、兴趣爱好、消费习惯、使用偏好等。通过分析和整理这些数据，创业者可以得到关于用户的定量和定性的信息，为用户画像的建立提供依据。根据收集到的用户数据，创业者可以定义和划分用户维度，以便能够更系统地描述用户群体。例如，可以通过用户的年龄、性别、教育背景、兴趣爱好等特征维度来描述用户。每个维度可以有多个选项，还可以进行交叉分析，以便获取更加精准的用户画像。

在用户画像中，创业者需要详细描述目标用户群体的特征。这包括用户的个人信息、消费行为、使用习惯、需求和偏好等方面。创业者可以将这些特征描绘成用户故事、用户行为场景等形式，使得用户画像更加生动具体，以更好地了解目标用户的需求、痛点和偏好，从而为产品设计、市场定位和推广活动提供指导。创业者还可以根据用户画像确定产品功能、界面设计、定价策略等，以满足目标用户的期望。同时，用户画像也可用于制定精准的市场推广策略，选择适合目标用户的渠道和内容，提升用户吸引力和用户转化率。

［实战演绎］

淘宝 VS 京东：在线零售市场的用户画像比较

在线购物已成为新一代消费者的首选购物方式。然而，消费者并非随机进行选择，而是基于一系列特性和需求进行选择。接下来，我们将基于用户画像研究和比较中国两大在线零售平台——淘宝和京东的用户特征。

淘宝和京东是中国最大的两个在线零售平台，但它们的用户特性存在显著差异。理解这些差异对制订有效的营销策略和提供更好的用户体验至关重要。

从用户年龄来看：京东的用户人群中高年龄层的用户占比较高，而淘宝的用户更倾向于年轻人。

从性别特征分析：根据用户购买的商品类型，可以推测京东的用户中男性占比较高，而淘宝的用户中女性占比较高。

从地域角度分析：京东的用户更多地集中在一线和二线城市，然而淘宝的用户遍布全国各地。

从消费能力分析：京东的用户通常具有较高的消费能力，而淘宝的用户则覆盖了从低到高不同的消费水平。

从使用设备特征分析：较多的京东用户选择在 PC 端进行购物，而淘宝则更多的是智能手机用户。

掌握用户画像，并根据这些画像制订相应的商业策略，可以帮助在线零售商更好地理解用户需求，以提高销售额和用户满意度。

知识 2-10　同理心和同理心地图

1. 同理心

同理心指站在对方立场，设身处地地思考的一种方式，即在人际交往过程中，能够体会他人的情绪和想法、理解他人的立场和感受，并站在他人的角度思考和处理问题。

为什么同理心对创业这么重要呢？因为同理心可以帮助更好地了解客户、合作伙伴、竞争对手、员工、投资者等各方的需求、期望、痛点、价值观等，从而更有效地设计产品、服务、商业模式、营销策略、团队文化等，更有利于创业成功。

怎么样才能培养同理心呢？遵循四步骤模型，即观察、识别、表达、反馈，就可以逐渐提高同理心。

第一步，观察。观察是指要用开放的态度去观察别人的言行举止，注意他们的语气、表情、肢体语言等非言语信息。这样，就可以更好地捕捉别人的情绪和想法，更容易地进入别人的情境。

第二步，识别。识别是指要用客观的方式去识别别人的情绪和想法，避免加入自己的偏见和主观判断。这样，就可以准确地理解别人的感受和需求，公正地评估别人的行为和动机。

第三步，表达。表达是指要用恰当的方式去表达自己对别人的理解和关心，避免过度干涉或否定。这样，就可以更有效地沟通和交流，真诚地建立和维持关系。

第四步，反馈。反馈是指要用积极的方式去接受别人对自己的反馈和建议，避免抵触或辩驳。这样，就可以更好地学习和改进，更多地获取和分享，切身感受和体验。

2. 同理心地图

同理心地图在创业过程中经常会用的工具，是一种用来理解和同情用户的感受、想法、行为和需求的工具，它可以帮助创业者更好地设计产品或服务，满足用户的真正需求。同理心地图可以建立与用户的联系和信任，了解用户的情境和目标；发现用户隐藏或未表达的需求，找到有价值的创业机会；整合和分析用户研究的数据，提炼出有用的建议；沟通和共享用户的信息，减少团队成员之间的认知差异。

绘制同理心地图分为以下几个步骤：

第一步，画出同理心地图的模板。同理心地图一般分为四个象限，分别表示用户说、做、想、感。每个象限可以用文字或图形来填写用户的信息、行为、需求和反馈等。在象限之外，还可以添加用户的痛点（pain）和需求（gain），表示用户遇到的问题或困难，以及用户期望得到的价值或效果。

第二步，填写同理心地图的内容。根据用户研究的结果，如访谈、问卷、观察、日志、实验等，将相关的数据或信息填入相应的象限中。要注意区分事实和推断，事实是直接观察或记录到的数据或信息，推断是根据事实进行的分析或解释。要尽量使用引号或原话来记录用户说或想的内容，避免加入自己的主观判断或偏见。

第三步，分析同理心地图的洞见。根据同理心地图的内容，寻找其中存在的模式或关联，如用户说和做之间的一致或不一致，用户想和感之间的影响或冲突等。从中提炼出有意义或有价值的洞见，表示对用户需求或问题的深刻理解。将洞见写在同理心地图旁边，并用箭头指向相关的象限或内容。

［实战演绎］

李鑫是一个大学生，他住在学校的学生宿舍。他每个月都要面临一个让他烦恼的问题——缴纳电费和水费。他经常忘记缴费的时间，有时候会突然断电或断水，影响学习和生活。学生缴纳费用需要到服务大厅，取号、排队、缴费，而且是先预存后使用。李鑫和其他学生都觉得这样缴纳电费和水费不是很方便，他们都希望能有一个更好的解决方案，让电费和水费的缴纳和管理变得更加方便、准确、透明和节约。这引起了学校的重视，学校决定找一个设计师团队，帮助改进或创新学生宿舍的电费和水费的缴纳和管理的产品和服务。

设计师团队来到了学校，听取了学生的想法和建议，感受了他们的情绪和痛点。设计师团队把这些信息记录下来，用文字、图片、符号等方式，画了一张同理心地图，把学生的声音、思想、感觉、行为、环境、痛点和需求都展示出来，形成了一张清晰的用户画像，为他们的后续的设计或创新提供参考。具体如图 2-3 所示。

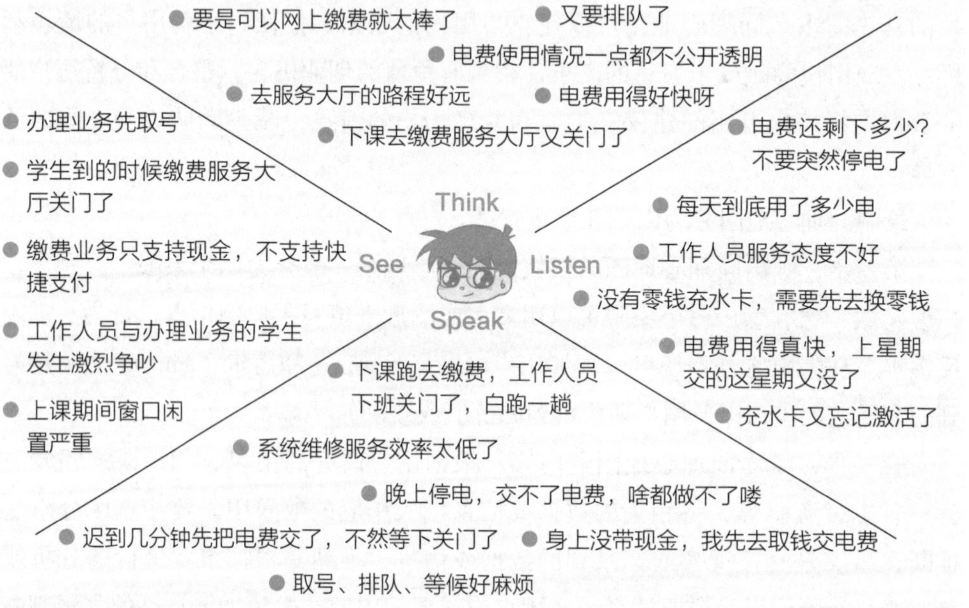

用户痛点：	用户需求：
● 工作人员服务态度不好 ● 交费不方便 ● 电用得太快，用电不透明 ● 服务大厅工作人员的上班时间与学生的上课时间相冲突	● 快捷支付缴费 ● 工作人员态度好 ● 线上解决水费、电费、网费的充值缴费 ● 有在线解决学生问题的工作人员

图 2-3　学生服务大厅同理心地图

设计师团队根据他们的同理心地图，发现了学生们的一些共同的需求和期望，比如：希望能够随时随地方便地缴费，不去排队；希望能够准确透明地缴费，能够看到自己用电或用水的情况和费用明细；希望能够根据自己的用电或用水习惯，调整行为，减少浪费，节约资源等。基于这些需求和期望，设计师团队开始了他们的设计或创新的过程，他们想出了一些可能的解决方案，比如：开发一个手机应用，让学生可以通过手机扫码或者在线支付，实现随时随地的缴费；安装一些智能的电表或水表，让学生可以实时地监测自己的用电、用水情况和费用，实现准确和透明的缴费；设计一些激励机制，比如积分、奖励、排行榜等，让学生可以根据自己的用电或用水情况，获得一些激励或者荣誉，鼓励节约等。

设计师团队把他们的解决方案制作成了一些原型或者模型，然后他们又回到了学生宿舍，邀请了一些学生来试用他们的产品和服务，收集反馈和建议，评估满意度和忠诚度，验证假设和理论，优化设计或创新。最后，设计师团队把他们的最终的产品和服务交付给了学校，学校的师生经过一段时间的使用都非常满意。

知识 2-11　用户旅行地图——关联知识 2-8

用户旅行地图（customer journey map）是一种可视化工具（图 2-4），用于描绘用户在与产品或服务互动的过程中所经历的多个触点和情感阶段，旨在帮助企业或创业者更好地理解用户体验的全貌，从而优化产品或服务的设计和交互，提升用户的满意度和忠诚度。

图 2-4　客户旅行地图

通过绘制用户旅行地图，创业者可以深入了解目标用户在使用产品或服务的不同阶段所遇到的问题、需求和体验。这可以涵盖用户的期望、痛点、满意度等方面，为创业者提供更全面的用户视角。通过分析用户旅行地图，创业者可以确定用户的关键需求和寻求解决方案的场景，以便为产品或服务的设计和功能提供有针对性的改进。用户旅行地图还可以帮助创业者识别用户体验的瓶颈和改进点。通过分析各个触点和情感阶段，创业者可以发现用户在特定阶段遇到的问题或不满，进而优化产品或服务的交互流程、界面设计、服务流程等方面，提升用户的体验和满意度。例如，创业者可以识别到在购买流程中用户可能遇到的障碍，并优化流程以提高用户的购买便利性和满意度。

用户旅行地图可以帮助创业者确定用户参与的机会和关键触点，通过识别用户在整个旅程中的参与度，设计相应的用户参与策略，吸引用户更好地参与和互动。例如，创业者可以在教育技术产品中通过设置互动测试、社群讨论等方式来鼓励客户参与，以提高学习效果和用户满意度。

用户旅行地图也可以帮助创业者了解用户的忠诚度和留存状况。通过观察和分析用户在不同情感阶段的体验和反馈，创业者还可以找到提升用户忠诚度的关键触点和策略。例如，通过提供个性化的服务、建立社区互动平台等方式，创业者可以增强用户的黏性，促进用户重复购买或使用。

［实战演绎］

示例 1：数字体验之旅（图 2-5）

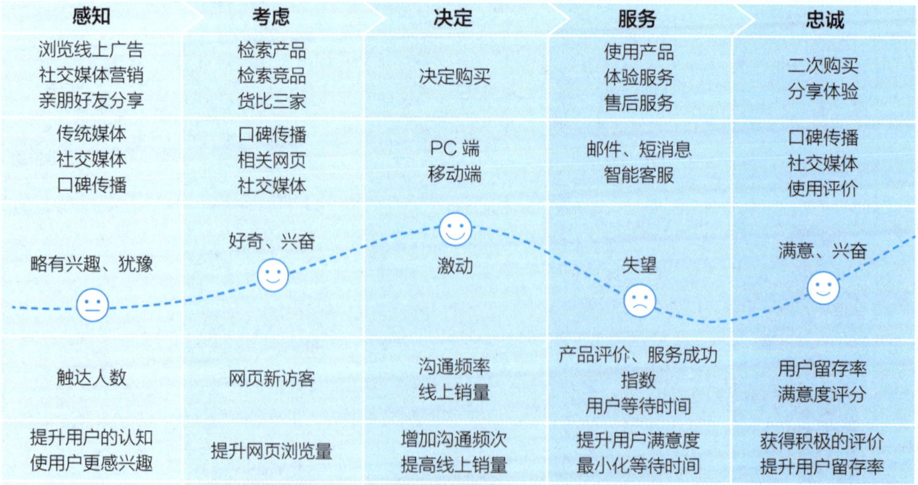

图 2-5　用户旅行地图一

示例 2：某企业体验旅程图（图 2-6）

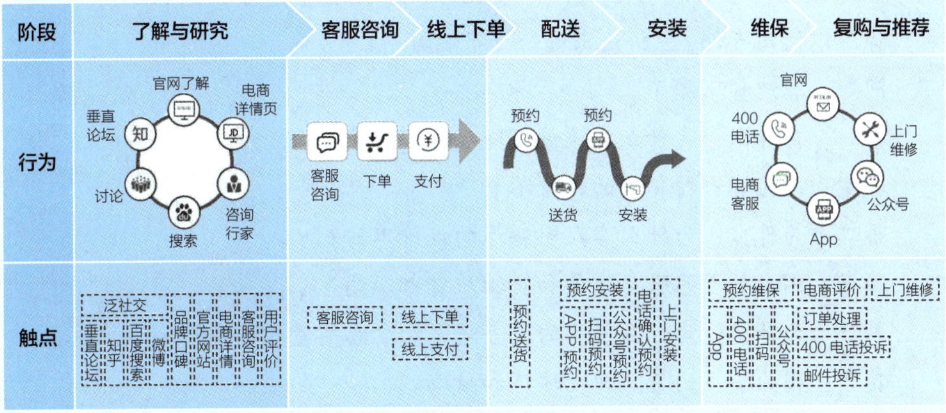

图 2-6　用户旅行地图二

知识 2-12　5why 分析法——关联知识 1-5，1-6，1-10

5why 分析法是一种用来寻找问题根本原因的方法，它通过反复问"为什么"来追溯问题的因果链，直到找到可以采取有效对策的原因。5why 分析法是一种基于逻辑推理的问题解决方法，它认为每一个问题都有其背后的原因，而每一个原因又可能是另一个问题的结果，形成一个层层递进的因果关系。通过不断地问"为什么"，可以揭示问题的本质，找到可以改善或消除问题的根本原因。

5why 分析法首先需要明确描述问题，用清晰和具体的语言来表达问题，避免模糊或主观的词语，要尽量用数据或事实来支持问题的存在和严重性。问第一个"为什么"，要根据问题的直接原因来回答第一个"为什么"，而不是根据自己的假设或猜测；要用简洁明了的语言来回答，避免冗长或复杂的句子。要根据第一个"为什么"的回答，来提出第二个"为什么"，并以此类推。要注意区分事实和推断，事实是直接观察或记录到的数据或信息，推断是根据事实进行的分析或解释。重复问"为什么"，直到找到根本原因。一般来说，问五次"为什么"就可以找到根本原因，但这并不是固定的规则，有时可能需要问更多或更少的次数。判断是否找到根本原因的标准：处理这个原因可以防止问题再次发生，并且这个原因可以通过一个因果关系链与问题联系起来。紧接着根据找到的根本原因，设计出合适和有效的对策，并将其付诸实施。要注意区分临时对策和永久对策，临时对策是为了控制或缓解问题的影响，永久对策是为了消除或预防问题的发生。最后验证并跟踪结果。在执行对策后，要检查并评估对策的效果，看是否达到了预期的目标，并且没有引起其他的问题。要持续地监测和跟踪结果，以确保问题不会再次发生。

[实战演绎]

假设你是一家餐厅的老板，你发现你的客流量下降了，想找出原因并改善。你可以使用5why分析法来进行如下的分析：

问题：客流量下降了。

第一个为什么：为什么客流量下降了？

答案：因为客人对餐厅的评价不好。

第二个为什么：为什么客人对餐厅的评价不好？

答案：因为餐厅的服务质量和食物质量都不高。

第三个为什么：为什么餐厅的服务质量和食物质量都不高？

答案：因为餐厅的员工缺乏培训和激励。

第四个为什么：为什么餐厅的员工缺乏培训和激励？

答案：因为餐厅的管理层没有制订有效的培训计划和激励机制。

第五个为什么：为什么餐厅的管理层没有制订有效的培训计划和激励机制？

答案：因为餐厅的管理层缺乏专业知识和经验。

通过这样的分析，我们可以找到客流量下降的根本原因是餐厅的管理层缺乏专业知识和经验。因此，我们可以采取以下对策：增加对管理层的培训和指导，提高他们的专业知识和经验；制订有效的培训计划和激励机制，提高员工的服务质量和食物质量；收集并分析客人的反馈和建议，改善餐厅的环境和菜单；增加对客人的关注度，提高客人的满意度和忠诚度。

知识2-13　市场调查——关联知识1-10，2-6

市场调查，就是通过一些方法和工具，收集和分析想做领域的相关数据和信息，从而回答关于市场的问题，比如，目标用户或客户是谁？他们的需求和痛点是什么？产品或服务能够满足他们的哪些需求或解决他们的哪些痛点？产品或服务与竞争对手的产品或服务有什么不同和优势？产品或服务的定价策略是什么？产品或服务的市场规模和潜力有多大？等等。

市场调查可以帮助了解市场的需求、趋势、竞争和机会，从而设计出更符合用户期望的产品或服务，提高成功率和竞争力。如果不做市场调查，就可能会做出一些没有人需要或者已经有人做过的产品或服务，或者做出一些不符合用户喜好或者不适应市场变化的产品或服务，这样就会让产品或服务难以吸引和留住用户，难以抵抗竞争对手的压力，最终导致失败。

市场调查的四个步骤如下：

第一步，确定市场调查的目的和问题。这一步是市场调查的起点，如果计划做一个关于学生宿舍的电费和水费的缴纳和管理的产品或服务，可以提问：目标用户或客户是住在学生宿舍的学生吗？他们在缴纳和管理电费和水费时，遇到了哪些问题和困难？他们对现有的产品或服务有哪些不满意？他们对这个产品或服务有什么期待或者建议？这个产品或服务能够给他们带来什么好处或者优势？这个产品或服务的价格是多少？这个产品或服务的市场规模和潜力有多大？等等。要尽量问得具体和清楚，这样才能更有针对性。

第二步，选择市场调查的方法和工具。这一步是市场调查的过程，要选择合适的方法和工具来收集和分析所需要的数据和信息，可以根据目的和问题、资源和条件来选择合适的方法和工具，比如，如果你想直接了解目标用户或客户的想法、感受、行为、环境等，可以通过用户调研、用户访谈、用户反馈、用户测试等，与用户或客户直接交流，获得数据和信息。如果想间接了解目标市场和行业的趋势、动态、机会和威胁等，可以通过行业报告、公共数据库、竞争对手分析等，从已有的数据和信息中进行提取。还可以通过问卷调查、分析软件等帮助设计、执行、管理和呈现市场调查。

第三步，收集和分析市场调查的数据和信息。这一步是市场调查的结果，通过所选择的方法和工具，来收集和分析数据和信息。要注意数据和信息的质量和数量，确保数据和信息具有代表性、可靠性、有效性、准确性、可读性和可理解性。可以通过图表和文字比如柱状图、饼图、折线图等，显示目标用户或客户的特征、行为、偏好等，以及产品或服务的需求、满意度、忠诚度等。

第四步，基于市场调查的数据和信息做出决策和行动。这一步是市场调查结果的应用，要根据市场调查的数据和信息来指导和改进产品或服务的设计和创新，以提高目标用户或客户的满意度。

［实战演绎］

在炎热的夏天，传统的空调和风扇早已不能满足人们对舒适度的追求，人们希望可以有一种既便携又能制冷的设备，这时，“挂脖空调”应运而生。作为新的产品，怎样才能更深入地理解市场需求和用户的想法呢？公司决定要进行一项市场调查，以决定其产品定位和市场策略。

调查目标定位在极度需要调整自己周围微环境温度的一群人，比如上班族、户外工作者和热爱户外运动的人。调查开始，工具之一就是问卷调查，记录他们的需求、想法和反馈。与此同时，使用数据分析工具（比如 Google

Analytics）和市场研究工具（比如Similar Web）来收集行业趋势、竞品信息和分析消费者行为等。

调查结束后，通过数据分析，得出了几个关键信息。首先，“挂脖空调”在忍受炎热环境的人群中具有较大的市场需求，尤其是在户外工作和户外活动的人群中。其次，用户对产品的便携性和耐久性有着极高的期待，同时，他们也十分看重产品的性价比。最后，虽然市场上已有一些竞品，但他们大多仍存在一些问题，这为公司提供了巨大的市场机遇。

市场调查的结果对公司的产品定位和市场策略有了极大的影响，公司决定将目标客户定位为户外工作者和户外运动爱好者，并利用相关平台进行广告投放；然后公司对产品进行了一些改进，提升了其便携性和耐久性，同时也注重保持合理的价格；另外，公司加大了研发投入，目标是打造一款在便携性、耐久性和性价比等方面都优于竞品的产品。如此，挂脖空调的市场前景便愈发明朗了。

知识2-14　波特五力分析法——关联2-2，2-3，2-7

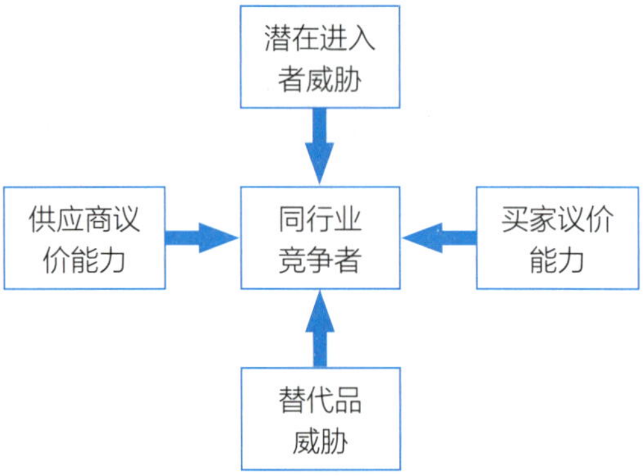

图2-7　波特五力模型

波特五力模型是迈克尔·波特于20世纪70年代提出的一个分析市场和行业的竞争力和吸引力的工具。他认为行业者存在着竞争规模和程度的5种力量，这5种力量综合起来影响着产品的吸引力以及企业现有的竞争战略决策。这5种力量分别为同行业竞争者、潜在进入者威胁、替代品威胁、供应商议价能力和买家议价能力，如图2-7所示。

（1）同行业的竞争者。现有同行业的竞争者常常体现在价格、广告、产品介绍、现有服务等方面，其竞争强度与许多因素有关。而导致竞争加剧的因素也有很多，比如：势均力敌的竞争对手较多，竞争参与者范围广泛；市场趋于成熟，产品需求增长缓慢；竞争者企图采用降价等手段促销；竞争者提供几乎相同的产品或服务，用户转换成本低。

（2）潜在进入者威胁。潜在进入者希望在现有市场中占有一席之地，就会与现有企业发生原材料与市场份额的竞争。潜在进入者产生威胁的严重程度取决于两方面的因素：进入领域的障碍大小，包括规模经济、产业差异、资本需要、转换成本、销售渠道开拓、政府行为与政策、地理环境等方面；预期现有企业对于进入者的反应情况。

（3）替代品威胁。替代品的竞争会以各种形式影响行业中现有企业的竞争战略，主要体现在以下两方面：现有产品售价以及获利潜力将因为替代品而受到限制；由于替代品的进入，现有企业必须提高产品质量、降低成本或者使产品具有特色，否则其销量与利润增长的目标就有可能受到影响。总之，替代品的价格越低、质量越好，用户的转换成本越低，其所产生的竞争压力就越强。

（4）供应商的议价能力。供应商的议价能力会影响产业的竞争程度，一般来说，满足如下条件的供应商具有较强的议价能力：供应商有比较稳固的市场地位；供应商的产品具有一定的特色。

（5）购买者的议价能力。购买者主要通过其议价与要求提供较高的产品或服务质量的能力来影响行业中现有企业的盈利能力。购买者的议价能力影响主要有以下三个原因：购买者的总数较少，而每个购买者的购买量较大，占了卖方销售量的较大比例；卖方规模较小；购买者所购买的产品可同时向多个卖方购买。

［实战演绎］

喜茶品牌的竞争策略：运用波特五力模型进行深度分析

行业内竞争者：喜茶所处于的新式茶饮行业，竞争激烈。除了其他知名品牌如奈雪的茶、一点点等，还有许多中小型茶饮品牌在各城市遍地开花。市场份额的争夺和品牌竞争成为行业内的主要特点。喜茶要在如此竞争环境中保持领先地位，需要不断提升产品质量、创新产品线，并注重品牌形象的建设和传播。

潜在进入者：新式茶饮市场门槛相对较低，容易吸引新的竞争者。喜茶面临的潜在进入者威胁较大，这可能会分散市场份额和影响其盈利能力。为应对这一挑战，喜茶需要提升自身独特的竞争优势，如产品研发、供应链管理和品牌溢价能力等。

买价的议价能力：消费者在选择新式茶饮时具有较高的议价能力。由于茶饮品种繁多，且各品牌之间具有一定程度的可替代性，消费者可以在不同品牌中进行挑选。为降低消费者的议价能力，喜茶可以通过提升产品独特性和差异化，增加消费者对其的忠诚度，同时提供优质的消费体验和服务。

供应商的议价能力：喜茶在新式茶饮市场具有较高的地位和品牌影响力。因此，在原材料采购、物流等环节，其往往具有较强的议价能力。供应商的议价能力相对较小。为降低供应商对其业务的影响，喜茶可以通过多元化供应商策略、建立优质供应商关系等方式来巩固自身的地位。

替代品威胁：新式茶饮与咖啡、奶茶、果汁等饮品存在替代关系。消费者的口味和需求多样化，可能会在不同饮品间转换。为降低替代品威胁，喜茶需要研发独具特色的产品线，满足不同消费者群体的需求，并在市场上形成独特的市场定位。

知识 2-15　鱼骨图分析法——关联 2-2，2-3，2-7

鱼骨图是由日本管理大师石川馨先生所发展出来的，是一种发现问题“根本原因”的方法，它也可以称为“因果图”。其特点是简洁实用，比较直观。

我们以制造业常用的人、机、料、法、环五因素举例，来分析产品或服务的问题。把这五个因素以鱼骨的形式画在鱼身上，就形成了一副鱼骨图，如图 2–8 所示。

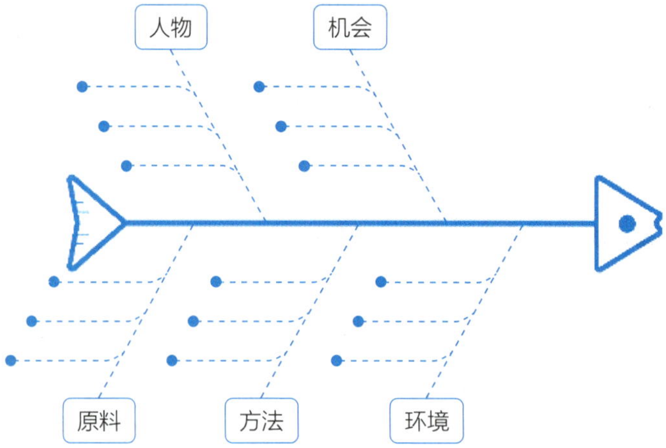

图 2-8　鱼骨图

人物，就是产品或服务的制作和使用的人，他们可能会影响产品或服务的质量和效果。要了解他们的技能、经验、态度、行为、需求和期望，找出他们可能导致或加剧问题的原因和影响，比如，技能不足，态度不好，需求不明确，等等。

机会，就是产品或服务的制作和使用的设备和工具，它们可能会影响产品或服务的质量和效果。要了解它们的性能、规格、来源、供应、维护和保养，找出它们可能导致或加剧问题的原因和影响，比如，性能不好，供应不稳定，维护不及时，等等。

原料，就是产品或服务的制作和使用的材料和资源，它们可能会影响产品或服务的质量和效果。要了解它们的性能、规格、来源、供应、存储和管理，找出它们可能导致或加剧问题的原因和影响，比如，质量不好，供应不稳定，存储不合理，等等。

方法，就是产品或服务的制作和使用的流程和步骤，它们可能会影响产品或服务的质量和效果。要了解它们的顺序、逻辑、标准、规范、效率和效果，找出它们可能导致或加剧问题的原因和影响，比如，顺序不合理，标准不明确，效率不高，等等。

环境，就是产品或服务的制作和使用的场所和条件，它们可能会影响产品或服务的质量和效果。要了解它们的位置、布局、温度、湿度、光照、通风、噪音和污染，找出它们可能导致或加剧问题的原因和影响，比如，位置不合适，温度不适宜，噪音过大，等等。

鱼骨图绘制流程具体如下：

（1）设立工作组：工作组负责人需召集与问题相关的成员组成工作组，这些成员需要对该问题有深入的理解。

（2）定义问题：工作组负责人需要将需要找出原因的问题记录在黑板或白纸右端的三角形框内，并由框内引出一条水平线，也称为鱼脊。

（3）划分主要原因：工作组成员在鱼脊上绘制与鱼脊成 45° 角的直线，并标明导致问题的主要原因。这些与鱼脊成 45° 角的直线被称为大骨。

（4）细分原因：围绕导致问题的主要原因进行深入分析，继续绘制出中骨和小骨，以尽可能揭示所有的原因。

（5）图形优化：考察并优化鱼骨图，使其更易于理解和分析。

（6）进行讨论：基于最终的鱼骨图进行讨论和分析。

虽然鱼骨图没有通过数值来具体描述和处理问题，但通过分层组织和清晰表述问题及其原因的关系来揭示问题的本质，所以它特别适合用来表述和理解定性问题。为了保证鱼骨图的成功实施，工作组负责人需要有丰富的经验，为工作组成员创造友好、平等、宽松的讨论环境，使得每个成员的观点都能充分表达，同时还要确保鱼骨图的正确绘制，防止工作组成员将原因、现象、对策互相混淆，以保证鱼骨图层次清晰。注意：在整个过程中，工作组负责人不能对问题发表个人观点，也不能诱导工作组成员的意见。

知识 2-16　SWOT 分析法——关联 2-2，2-3，2-7

SWOT 是企业对所处情景进行优势（strength）、劣势（weakness）、机会（opportunity）、威胁（threat）进行综合分析的一个工具。SWOT 分析法将与研究对象密切相关的主要内部优势和劣势、外部机会和威胁通过调查列举出来，并按照矩阵形式排列，然后用系统分析的方法把各种因素相互匹配起来加以分析，从而得出一系列具有决策性的结论，如图 2-9 所示。

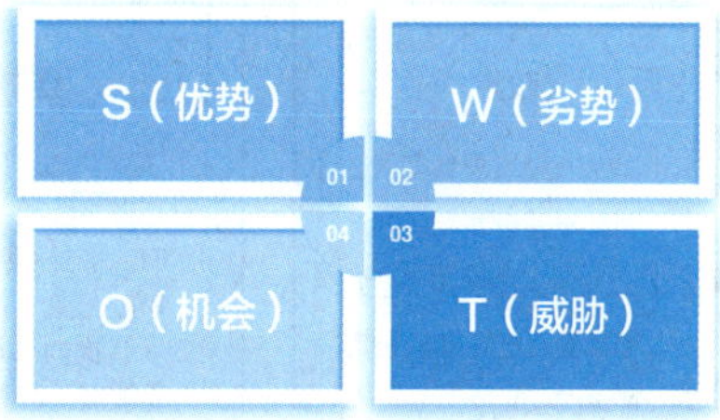

图 2-9　SWOT 分析法

比如，假设你想要做一个在线教育平台，你

可以用 SWOT 分析法来分析创业项目的优势、劣势、机会和威胁。把项目的优势、劣势、机会和威胁分别列出来，形成一个 SWOT 矩阵。这样，就可以一目了然地看到创业项目的情况，也可以对不同的因素进行比较和匹配，找出优势和机会，改进劣势和威胁。SWOT 矩阵可能是这样的：

优势：①你有丰富的教育经验和资源，可以提供高质量的课程和服务；②你的平台采用互动和个性化的教学方式，可以提高用户的学习效果和满意度。

劣势：①资金和团队有限，无法覆盖所有的学科和年级；②平台需要高速的网络和设备，可能会遇到技术和稳定性的问题。

机会：①平台可以满足在线教育市场的快速增长和多样化的需求；②平台可以利用社交媒体和口碑营销，扩大用户群体和影响力。

威胁：①平台面临着激烈的竞争和监管的压力；②平台可能会受到用户的投诉和质疑，影响信誉和口碑。

根据 SWOT 分析的结果，可以制订创业目标和计划，利用优势，抓住机会，发展潜力，比如你可以专注于你擅长的学科和年级，提供优质的课程和服务，利用社交媒体和口碑营销，扩大用户群体和影响力。你也可以改进劣势，应对威胁，克服困难，比如你可以寻求合作伙伴或投资者，增加资金和团队，覆盖更多的学科和年级，优化平台技术和稳定性，遵守相关的法规和标准，处理好用户的投诉和质疑。

知识 2-17　PEST 分析法——关联 2-2，2-3，2-7

PEST 分析法是指从政治（political）、经济（economic）、社会（social）和技术（technological）这四个方面对企业外部环境因素进行分析的方法。可以用这个工具来分析项目的政治、经济、社会和技术四个方面的环境，找出项目的机会和威胁，制订适合的目标和计划。

比如，假设你想要做一个人造肉品牌，可以用 PEST 分析法来分析项目的政治、经济、社会和技术四个方面的环境，找出机会和威胁。把机会和威胁分别列出来，形成一个 PEST 矩阵。如图 2-10 所示。

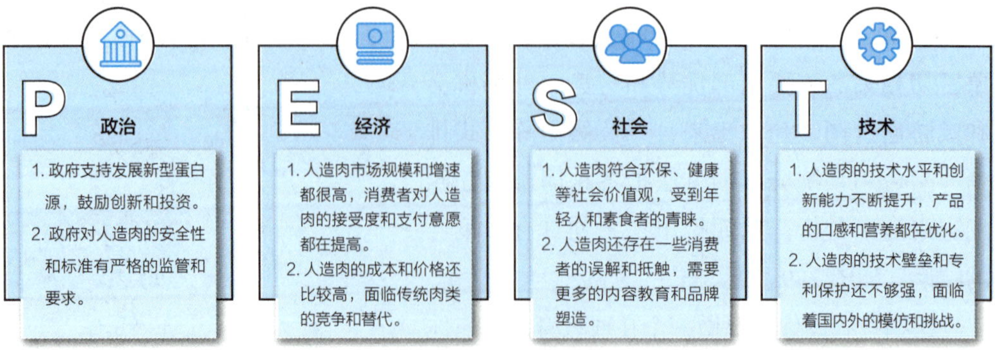

图 2-10　PEST 分析法

政治：①政府支持发展新型蛋白源，鼓励创新和投资；②政府对人造肉的安全性和标准有严格的监管和要求。

经济：①人造肉市场规模和增速都很高，消费者对人造肉的接受度和支付意愿都在提高；②人造肉的成本和价格还比较高，面临传统肉类的竞争和替代。

社会：①人造肉符合环保、健康等社会价值观，受到年轻人和素食者的青睐；②人造肉还存在一些消费者的误解和抵触，需要更多的内容教育和品牌塑造。

技术：①人造肉的技术水平和创新能力不断提升，产品的口感和营养都在优化；②人造肉的技术壁垒和专利保护还不够强，面临着国内外的模仿和挑战。

根据 PEST 分析的结果，制订创业目标和计划。利用机会，发挥优势，比如开发高品质的人造肉产品，满足市场的需求；利用政府的支持，获取资金和资源，建立环保和健康的品牌形象，吸引年轻人和素食者的消费。也可以应对威胁，改进劣势，比如降低成本和价格，提高竞争力，遵守政府的规定和标准，保证产品的安全性和质量，多渠道推广，保护技术和专利，防止被模仿和挑战。

知识 2-18　4P 营销理论——关联 2-2，2-3，2-7

4P 营销理论，是一个分析市场营销问题的工具，可以帮助制订营销策略和计划。可以把 4P 营销理论想象成一个四色的魔方，每个颜色代表一个营销要素，分别是产品（product）、价格（price）、渠道（place）和促销（promotion）。目标是把这个魔方拼成一个完美的立方体，也就是把这四个要素有效地组合起来，满足目标市场的需求，打败竞争对手，赢得顾客，扩大市场份额，如图 2-11 所示。

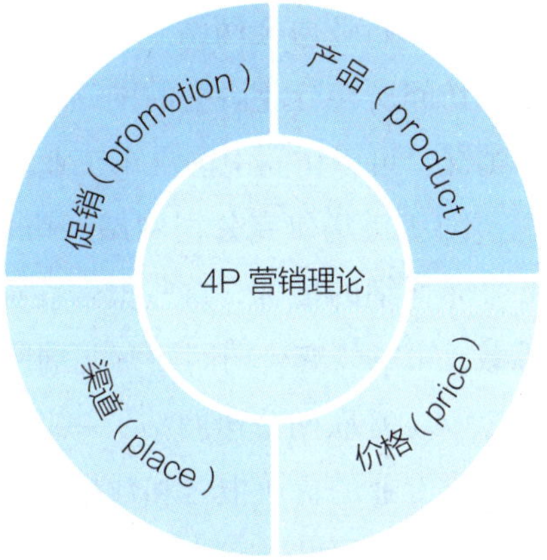

图 2-11　4P 营销理论

产品（product）是提供给顾客的货物或服务，它是核心竞争力，要有独特的卖点，能够解决顾客的问题，满足顾客的需求，让顾客爱不释手。

价格（price）是向顾客收取的费用，它是企业的利润来源，要根据市场定位、成本、竞争和顾客的支付意愿，制订合理的价格策略，让顾客觉得物有所值，同时也能保证企业的盈利。

渠道（place）是把产品或服务送达给顾客的途径，它是分销网络，要选择合适的渠道，让产品或服务能够方便地到达顾客的手中，减少中间环节，提高效率。

促销（promotion）是向顾客传递产品或服务信息的方式，它是宣传手段，要利用各种媒体和活动，让顾客了解和认识产品或服务，激发顾客的兴趣和购买欲望，促进顾客的购买行为。

知识 2-19 行业报告分析——关联 2-3，2-4，2-5，2-7

行业报告是一种对某一行业的发展状况、市场规模、竞争格局、发展趋势、机会与挑战等方面进行系统分析和研究的文档，通常由专业的市场研究机构、咨询公司、行业协会、政府部门等发布或提供。行业报告可以帮助我们了解一个行业的基本情况和前景，为我们的决策、投资、创业、求职等提供有价值的参考。

如果你是一个创业者，你可以通过行业报告分析了解目标行业的市场空间和潜力，竞争对手，产品或服务的优势和劣势，客户的需求和痛点，盈利模式和成本结构，风险和挑战，等等。

可以通过以下几种途径找到行业报告：

（1）搜索引擎。在搜索引擎中输入感兴趣的行业名称和关键词，如“教育行业报告”“电商行业分析”等，搜索引擎会返回相关的网页链接，通过点击查看或下载。需注意网页的来源、时间、质量等，以免遇到过时、不准确或不权威的报告。

（2）行业协会网站。行业协会网站通常会发布有关该行业发展趋势和变化的报告，访问所在行业协会的网站，查看他们提供的资源。例如，如果想了解汽车行业的情况，可以访问中国汽车工业协会的网站，查看他们发布的数据。

（3）市场研究公司网站。市场研究公司通常会针对不同行业进行调查和分析，并发布详细的报告。这些报告往往比较专业和权威，但也可能需要付费才能查看或下载，市场研究公司网站有艾瑞网、易观智库、罗兰贝格等。

（4）互联网公司网站。一些互联网公司也会利用自己的大数据技术，为各行各业提供专业的行业报告和数据分析服务。互联网公司网站有腾讯大数据、百度数据研究中心、阿里研究院等。

（5）国家机构网站。一些国家机构也会定期发布一些有关国家宏观经济、社会发展、行业政策等方面的数据和报告。国家机构网站有国家统计局、国家发展和改革委员会、国家信息中心等。

查看行业报告，一般要阅读报告的目录和摘要，了解报告的主要内容和结论，把握报告的逻辑结构和重点。同时根据目的和需求，选择所感兴趣的部分进行深入阅读，注意报告的数据来源、方法、假设、局限等，判断报告的可信度和适用性。还可以对比不同来源或不同时间的报告，分析行业的变化和趋势，发现行业的机会和挑战，为决策提供依据。最后结合自己的实际情况和经验，对报告的内容进行批判性思考，提出自己的观点和建议，形成自己的行业分析报告。

知识 2–20　SMART 原则

SMART 原则是一个广泛应用于目标设定和项目管理的工具，它由五个单词的首字母组成，分别代表具体（specific）、可衡量（measurable）、可实现（achievable）、相关性（relevant）和时限性（time–bound）。该原则作为一种指导性方法，旨在帮助个人和团队明确、规划并实现目标，以提高工作效率和达成预期成果。如图 2–12 所示。

S 具体（specific）：目标需要具备明确性和详细性，这有助于提高执行者对目标的理解和认同。通过回答关键问题，如何、什么、谁、何时等，可以确保目标关注点集中，有助于实际操作。

M 可衡量（measurable）：目标应具备可衡量和可评估的特点，以便于检验目标实现的进度和成果。可通过定量或定性的方式来衡量，如数量、百分比等具体指标，为评估与改进提供依据。

A 可实现（achievable）：目标应在实际资源和条件的限制下可达成，考虑到执行者的能力、资源和外部因素。设定过高或过低的目标都容易导致挫败感或低效率，遵循可实现性原则能保障目标的现实性。

R 相关性（relevant）：目标应与执行者个人、团队或组织的愿景、使命和战略目标保持一致，以确保目标对整体发展具有推动作用。相关性考察目标在更大系统中的价值和合理性。

T 时限性（time–bound）：目标需要设定明确的时间节点，以便于规划、执行和调整工作计划。恰当的时间限制有助于监控进度并把控目标的完成情况，提高执行效率。

图 2–12　SMART 原则

SMART 原则为目标设定和项目管理提供了一个清晰、可操作的框架，以确保目标从定义、实施到最终完成的过程中具有方向性、可跟踪性和高效性。遵循智能原则，可以帮助实现更高的项目质量。

［实战演绎］

苏雨是一名大二的学生，在大学期间发起了一个名为“Campus World”的社交平台的创业项目，她从 SMART 原则出发构建她的项目发展目标。苏雨的目标不仅仅是创立一个社交平台，还为自己的项目设定了具体的目标——创建一个名为“Campus World”的社交平台，专注于连接全球大学生，分享学术资讯、交流生活经验和文化差异。苏雨设定的可衡量的指标包括平台的注册用户数量、日活跃用户数、每个用户的平均使用时间等。她计划在第一年内达到5万注册用户，并将每月的用户增长率设定在10%。她可用到的初创资本和开发资源使得这个项目可能实现。她的团队由一流的设计师、开发者和市场专家组成，他们共享同一理念并致力于实现目标。同时，"Campus World"的运营目标是连接全球大学生，与苏雨并且与整个团队的大学背景和社区闭环紧密相关，也符合当前高等教育趋于全球化的社会大环境。苏雨规划在未来12个月内完成"Campus World"的设计、开发和运营部署，并在随后的12个月内实现用户增长目标。

苏雨成功地采取SMART原则来设定和执行她的创业目标，"Campus World"的案例说明了这个原则在实施创新项目时的有效性。

行动派：课后任务清单

行动2-1　探寻创业项目

思考一个你想解决的问题或需求的创新创业项目，给这个项目取个名字，通过文字和图表的方式表达，使他人能在一分钟内较为全面地了解你们的项目。请按照要求完成以下表单：

在________________背景或________________趋势下，我们发现________________需求/问题，目前市场上的解决方案（产品/服务）是____________________________，我们计划通过对________________的创新，向____________________提供____________________产品/服务，解决____________________的____________________问题或更好地满足____________________的____________________需求，优化客户的____________________体验。

导师的反馈意见：

续表

导师姓名		导师职称	
访谈时间		访谈方式	□ 线上 □ 线下

第三章

商业模式探索

- 第三章　商业模式探索
  - 任务
    - 3-1　探寻商界生存法则
    - 3-2　探索行业王者
    - 3-3　探索和谐与共生
    - 3-4　绘制商业模式画布
  - 知识
    - 3-1　商业模式的逻辑
    - 3-2　客户与用户
    - 3-3　商业模式的类型
    - 3-4　商业模式画布
    - 3-5　如何设计商业模式
  - 行动
    - 3-1　完成一项调研性作业
    - 3-2　完成你的项目的商业模式画布

任务调度：商业之道

任务 3-1　探寻商界生存法则——关联知识 3-2，2-4，2-9，2-10

1. 从 2020 年的新冠疫情开始，市场受到影响，倒闭了很多企业但也诞生了很多新的企业，举一个你了解的行业或者公司，谈一谈经历三年疫情的考验这个行业或公司依然存活的原因是什么。

我认为：____

____

____

____

2. 作为一名学生，你获取知识的渠道发生了变化，从原来的只从书本上学习，变成了现在的从书本和网络多渠道学习，因此在线教育迅速发展，谈一谈在这种情况下，传统教育行业的出路在哪里。

我认为：____

____

____

____

3.“中国制造”到“中国创造”是中国实现可持续增长和提高国际竞争力的重要举措，在此发展过程中，企业尤其是制造业该如何转型来适应国内市场需求和全球市场需求？

我认为：____

____

____

____

从这三个问题中可以发现：无论是受到国际政治经济市场的影响还是受到行业需求发展的影响，抑或是受到突发事件的影响，一个企业如何在现在竞争激烈的环境中生存，一直是创业者或者企业家思考的问题。

任务 3-2　探索行业王者——关联知识 3-3，1-6，2-5，2-9

1. 随着互联网的快速发展，电子商务已成为全球经济的重要组成部分，也成为全球经济的重要驱动力，为全球经济的发展起到推动作用。阿里巴巴、京东等几乎达到无人不晓、无人不用的地步，请你谈一谈它们是如何成为行业中的佼佼者的。

我认为：____

____

____

____

2. 一个时代造就一个时代的辉煌，一个时代有一个时代的标准。只看技术不行，只看产品也不行，只靠管理还是会倒。试一试能否找出一个具有代表性的企业，分析它在哪些方面与竞争对手相比更加受到消费者的青睐，更加适应市场。

我认为：____

____

____

____

3. 分组进行研讨，每个组选出三个行业的巨头，填写下列表格，从不同方面写出消费者为此买单的理由，以及能够维持企业生存和市场份额不断增长的方法，小组成员进行讨论、思考、分析、整合意见后，派一名代表进行汇报。

企业名称	交付的理由	生存之道	增长之方
	1. 2. 3. …	1. 2. 3. …	1. 2. 3. …

任务 3-3　探索和谐与共生——关联知识 3-5，2-3，2-14，2-18

1. 同类产品，由于品牌不同、用户不同、定价不同，他们之间看是竞争的关系，实则是共存的关系，他们是一种良性竞争，这种竞争是和谐的、合作的。他们注重信息交流、技术与创新，不断提高产品质量。因此，同行业良性竞争是指在同一行业内，不同企业之间通过公平、透明、有利于行业发展的方式进行竞争。在同行业良性竞争中，企业可以互相激励，提高行业整体水平，让消费者受益。

请列举三个类型的企业，越竞争越发展的案例：

①____

②____

③____

2. 合作对于企业的发展非常重要，可以共同推广产品和服务，扩大客户群体和市场，提高市场占有率；合作可以获得更好的价格优势，保证产品质量，提高生产效率，改进服务，降低成本，实现互惠共赢。

请列举三个企业通过合作取得了发展的案例，这个案例也可以是你生活中的小发现。

①____

②____

③____

3. 品牌联名是常见的企业合作方式，是指两个或多个品牌联合推出新产品或服务，以共同利用各自品牌的优势，提升新产品的市场竞争力。品牌联名可以采用各种形式，例如合作推出联名商品、赞助活动、联合广告等。当然品牌联名有一定的好处，也有一定的风险，需要提前做好规划，并且选择合适的品牌进行合作，以确保联名产品的品质与消费者对其的期望相符。

请写出品牌联名的好处和风险，并分别举一个案例进行分析。

①好处：____

案例分析：____

____

____

②风险：____

案例分析：____

____

____

任务 3-4　绘制商业模式画布——关联知识 3-1，2-7，2-5，2-6，2-2，2-4

1. 请分析大学生创业孵化园蛋糕店的商业模式，将关键要素填入下面的商业画布中。

2. 将画布填好之后进行验证，可以找三位不同职业的人物进行咨询，听取意见后进行修改。

姓名	单位	职务	不合理的设计	修改意见

注：尽量找不同行业的职场精英，填写时先呈现问题，再填写修改建议。

知识星系：商业模式探索

知识 3-1　商业模式的逻辑——关联知识 1-12，3-2，1-1，2-11

做一件事的逻辑往往涉及该事物达成的具体步骤、情景、辅助条件等并糅合了行为主体的意愿、行为方式、付出与收获等方面。当一个人需要帮助的时候，这个帮助的请求是如何被其他人接受的？这个请求是在什么情况下或场景下完成的？帮助者是如何以自身的方式，利用自己的知识、能力或资源进行帮助的？他们做出了哪些具体的行为？在这个过程中，帮助者可能借助了他人或资源，他们付出了什么以及得到了什么？比如，当我在学习一门复杂的编程语言时遇到困难，我的同学（帮助我的人）在我郁郁寡欢的状态下（情况或场景）主动提出帮助我。他用他擅长编程的知识（知识、能力或资源），花费数小时帮我解码复杂的程序（具体行为）。在此过程中，他也查阅了许多资料（借助了什么）。为此我们之间的友谊加深了（对他的影响），但他也牺牲了原本可以用来休息的时间（付出或损失）。我对他的帮助心怀感激，并决定以后也要帮助他（对他的帮助的感受）。

企业的商业模式的逻辑跟做一件事的逻辑的原理是一样的，在商业模式的核心逻辑中，价值发现、价值匹配以及价值获取这三个关键环节具有举足轻重的作用。企业应当有机地整合这三个环节，以构建出一个具有竞争力的商业模式。

（1）价值发现：在价值发现阶段，企业需要深入研究市场，对消费者的需求有充分了解，以便识别和精准拟定创新性产品或服务的价值。首先，企业需要对市场进行细致洞察，比如市场调查、市场分析和趋势预测，来捕捉潜在的顾客需求。其次，在深入了解顾客的需求之后，企业可以进一步明确和细化具体的价值创造点，进而为顾客提供有针对性的解决方案。例如，滴滴出行平台通过分析中国出行市场的发展趋势及顾客需求，发现了共享经济对于解决城市交通压力和满足人们短途出行需求的巨大价值。

（2）价值匹配：在确定了具有创新性的产品和服务后，企业需要构建一个有效的价值创造体系。为此，企业需要选拔合适的合作伙伴，确保企业的价值链更加完整和高效。企业应当在供应链中寻找与自己的产品或服务匹配度较高的伙伴，从而形成一个更具竞争力的价值创造网络。例如，瑞幸咖啡和各类品牌建立了合作关系，用更有优势的价格向消费者提供高质量的咖啡产品，从而扩大了市场份额。此外，企业还应当关注内部资源的合理配置和优化，在确保企业整体运营效率的前提下，提高各环节的价值创造能力。

（3）价值获取：企业在实现价值创造的过程中，需要采取有针对性的竞争策略，以在市场中占据有利地位并最终获取利润。价值获取环节实质上就是找出合适的方法来盈利，同时确保企业的核心竞争力得以发挥。首先，企业应当根据产品和服务的特点，采取灵活多样的盈利模式。例如，腾讯公司通过广告、游戏等多种盈利方式，实现了收入的多元化。其次，企业制订竞争策略要充分考虑市场环境、企业资源、消费者需求等多方面因素，务求在市场中发挥极大的竞争优势。例如，华为通过不断提升技术创新能力和品牌影响力，成功地在全球通信市场树立了行业领导者的地位。

除了价值发现、价值匹配和价值获取这三个环节外，企业还需要关注商业模式的持续优化和创新。在市场环境和竞争格局不断变化的情况下，企业必须具备敏锐的市场洞察能力，时刻关注新的商业模式和技术变革的出现。只有不断地进行自我调整，及时地应对市场变化，企业才能在激烈的竞争中保持领先地位和可持续发展。

对于大学生而言，培养商业逻辑的分析能力至关重要。首先，需要通过书籍、网络资源等学习商业知识，包括市场营销、财务管理、创新思维等方面的基础知识，理解商业运作的规律和核心原理。其次，学会关注市场趋势，保持对各行业的关注，观察市场趋势和消费者需求的变化，了解消费者的心理需求和行为模式，有助于将商业逻辑应用于实际项目中。再次，培养批判性思维，学会从多个角度质疑和思考问题，有助于发现商业模式中的潜在弱点和机会，并提出创新的解决方案。最后，要积极参与创业实践与商业项目，亲身经历商业决策的过程，从中学习商业逻辑的应用和实践技巧，加深对商业逻辑的理解和洞察。另外，多与行业专家、成功创业者等进行交流和讨论，借鉴他们的经验和观点。这样的交流将拓宽思维，了解不同行业的商业逻辑，并获得有价值的建议和指导。

[实战演绎]

携程跟随着互联网产业的发展，成为中国在线旅游行业的领导者。自1999年启航以来，其业务涉及酒店预订、机票预订、旅游度假等多个旅游相关领域。携程深入洞悉市场需求，关注数字时代消费者对于旅行、住宿、景点游览等方面的需求，致力于提供一个一站式的在线旅游平台，让用户在同一个平台上完成酒店、机票、景点门票等综合服务的预订，极大地增强了用户的体验。携程加盟了众多合作伙伴，并通过整合资源、提高运营效率的方式来降低用户的消费成本。在酒店行业，携程与国内外众多酒店建立合作关系；在交通领域，与航空公司和火车公司广泛合作等。通过合作伙伴的积累，用户可以从携程获得更多的选择和极具竞争力的价格。携程还注重运用互联网技术及大数据支持创新。例如，在手机客户端的酒店预订功能中，携程结合用户定位的GPS信息，为用户提供附近的优质酒店推荐。在搜索与筛选过程中，携程利用大数据，为用户提供个性化推荐。此外，携程还研发了智能客服系统，提高客户服务水平。在品牌塑造方面，携程注重品牌传播及市场营销，通过大力投广告、厂商合作等途径实现品牌曝光。携程以其高效的服务为支柱，积累了大量好口碑，使得品牌在市场上建立了较高的知名度和信赖度。为了整合行业资源与扩大业务版图，携程早期投资参股了去哪儿网、如家酒店，后期并购了途牛网、Skyscanner等国际线上旅游网站。这使携程不仅提高了市场份额，也丰富了业务类型，包括旅行社、低成本航空公司、民宿市场等，不断拓展全球市场。

我们可以看到携程的商业模式逻辑主要包括如下几个方面：

在价值发现方面，携程通过对消费者需求的深入了解，发现消费者对于购票、订房和规划旅游的一站式服务的需求。此外，从旅游市场的发展趋势出发，携程捕捉到了自由行、定制游等特色旅游产品的市场空间。携程关注未来旅游业的发展趋势，投资布局与公司战略相结合，例如增加自由行服务、民宿短租业务和扩大海外旅游市场等。这些投资体现了携程的前瞻性，使其在竞争激烈的行业中占据先机。

在价值创造方面，携程不断对线上产品和服务进行创新和升级，让用户可以更方便地完成预订、支付、追踪订单等功能。用户可以通过携程享受独特的旅游产品与高品质的旅游服务，例如亲子游、蜜月游、企业团队建设等。携程尊重用户需求，持续优化用户体验。例如，携程提供了数万名行业专家团队，采用直面客户、一站式解决问题的方式，提高了用户满意度；此外，携程还推出了“携程服务保障”和“先行赔付”计划，提升了用户信任度。

在价值传递方面，携程采取扎根线上、线下合作互补的形式发展。除了拥有自营的官网、手机App、微信与支付宝等在线平台，携程还通过合作机构及OTA（online travel agency）客流导入，实现垂直与横向发展。通过不断提升自身服务质量、为消费者提供极具价值的各类旅游服务方案，赢得了消费者的认可；同时获得许多行业奖项，树立了行业内品牌信任形象。携程同时利用互联网传播的力量，通过各种线上线下渠道进行市场营销，增加品牌曝光度；开展与合作伙伴的联合促销活动，优化推广效果，获取更多的市场份额。

在价值实现方面，携程公司的收入来源包括平台佣金、会员服务费、广告收入等。这些收入来源减少了携程对单一收入的依赖，使其更稳健地盈利。携程通过与酒店、航空公司、地接旅行社等合作伙伴建立互利共赢的生态系统；携程还通过整合整个旅游产业链资源，实现更高的运营效率和更具竞争力的产品定价。

我们可以看到，携程商业模式的成功在于其清晰地明确价值发现、价值创造、价值传递和价值实现的过程。从识别客户需求开始，通过创新及合作，为用户提供高品质的旅游产品和服务，让用户获得极佳的旅游体验。还通过不断提高自身的技术和扩大业务边界，在竞争激烈的行业中始终保持领先地位。

知识 3-2　客户与用户——关联知识 2-9，2-10，2-11

关于“客户和用户”的实质概念，客户通常指为产品或服务付款的实体，而用户则是实际使用这些产品或服务的个人。两者之间可能存在重叠，但在某些情况下，他们可能会不同。

我们以一个高中生的高考提分培训机构为案例进行具体分析。客户通常是学生的父母或监护人，没有直接使用服务，但他们是服务的支付方。他们的需求是寻找一个可以帮助孩子提高考试成绩并达到理想大学入学要求的信誉良好的培训机构。同时，他们也寻求明显的改进和对投资的回报，即孩子的学习成绩提高。用户是高中生，他们使用提供的服务——在这种情况下是参加培训课程以提高成绩。他们的需求包括能够理解和吸收优质教学、拥有足够的学习资源和安静的学习环境。尽管客户（父母）负责支付服务费用，但用户（学生）是服务实际消费者。两者共同为培训机构提供商业价值，客户提供财务支持，用户则通过提高成绩和获得成就感与培训机构产生积极的关联，进而提高机构的声誉。

从培训机构的角度看，关注客户和用户都是关键。未能满足任何一方的需求，都可能导致商业失败。然而，如果非要选择一个，可能需要更重视用户（学生）。原因很简单：如果学生因为参加了课程学习而成绩取得了显著的提高，他们很可能会给他们的同学、朋友等潜在用户为培训机构传播积极的口碑，从而吸引更多的新客户。另一方面，如果学生的成绩没有提高，父母可能会选择停止为此服务付款。

与此同时，“痛点”和“痒点”这两个词汇在商业和产品设计中常常被使用。在理论层面，“痛点”指的是用户在某个场景、过程或体验中遇到的明显问题或不满，这些问题对用户产生实质性的困扰或影响，同时也是产品或服务可以改进或解决的地方。“痒点”则是用户的渴望或需求，它可能不涉及任何实际问题或困扰，但是能够满足这些渴望或需求，将增强用户的满意度和忠诚度。

对于培训机构的客户（即学生的父母）来说：

痛点：考虑到高考的重要性，父母可能会担心培训机构的教学质量，是否可以真正帮助孩子提升分数、进入理想的大学。同时，费用也可能是一个痛点，他们期望看到资金投入与孩子的学习提升之间的直接联系。

痒点：孩子的学业有所改进，然而签约的培训机构能否提供个性化教学以适应孩子的学习速度和方式，这可能是父母的一个隐性需求。没有满足这个需求，也不会对学生的学习造成负面影响，但是如果能满足这个痒点，将会大大提升客户的满意度。

对于培训机构的用户（即学生）来说：

痛点：难以理解的课程内容、过快的教学节奏、有效学习策略的缺乏等可能是学生的痛点。这些问题阻碍了他们在学习中的进步，因此，一个好的培训机构应当考虑这些问题，并针对性地提供解决方案。

痒点：对于学生来说，找到学习的乐趣，实现自我提升，可能是他们的痒点。尽管这些需求不会影响他们的学习成绩，但是如果一个培训机构能够引起他们的兴趣，鼓励他们学习，这无疑会提升学生的满意度，并将他们的学业推向一个新的高度。

在提供服务时，理解并积极应对这些痛点和痒点可以大大提升客户和用户的满意度，从而提高培训机构的声誉。

［实战演绎］

爱奇艺作为中国领先的在线视频服务平台，可以提供丰富的视频内容，包括电影、电视剧、动漫、综艺节目等。在爱奇艺的商业模式中，客户与用户的定义及需求有所区别。

（1）客户与用户的区别。

在爱奇艺的场景中，客户通常指的是广告主、内容制作商和合作伙伴等。广告主基于爱奇艺的规模化流量效应，希望通过此平台实现品牌曝光和市场营销；内容制作商通过与爱奇艺合作，在平台上提供优质内容，获取更多的受众关注和收益。合作伙伴如硬件商、运营商等通常与爱奇艺在内容分发、技术应用等方面展开合作关系。

用户则指的是使用爱奇艺平台观看视频内容的普通观众。用户可能是免费用户，也可能是付费会员。他们通常关注的是内容质量、用户体验、缓冲速度等方面的需求。

（2）客户的痛点和痒点。

痛点：

①广告投放效果：广告主在投放广告时，关心广告效果是否达到预期，如覆盖面、点击率等。若效果不理想，客户可能会感到失望。

②内容评价与收益：内容制作商希望自家作品能获取更高的播放量（影响收益）、好评（提高口碑），若作品在平台上播放量不佳，会产生痛点。

③合作关系：合作伙伴期望在与爱奇艺的合作中实现双赢，若合作受阻或收益低于预期，将造成客户的痛点。

痒点：

①高效的广告投放：广告主可能对爱奇艺的广告投放渠道、精准定位、投放效果非常满意，感觉物有所值。

②内容有热度：对于内容制作商来说，作品在爱奇艺上取得高播放量及好口碑，会带来满足感。

③顺畅的合作关系：与爱奇艺建立了稳定、有效的合作关系，互利共赢，如在内容分发、技术应用上实现增值，带来显著成果。

（3）用户的痛点和痒点。

痛点：

①广告干扰：免费用户在观看视频时，不得不忍受插播式广告，其突兀且影响观看体验。

②VIP 内容限制：爱奇艺对部分独家内容设置 VIP 权限，免费用户无法观看，易产生不满。

③缓冲速度：用户可能在使用爱奇艺观看内容时，遇到网络卡顿、缓冲速度慢等问题，观感不佳。

④内容更新速度：爱奇艺平台上传的影视剧更新速度可能未跟上用户的观看需求，用户需要等待，产生痛点。

痒点：

①丰富的内容资源：爱奇艺拥有众多优质的影视作品，涵盖各类题材，用户可以随意挑选观看，满足多样化需求。

②高清画质：大部分视频内容提供高清画质，保证用户观影体验。

③优质的原创内容：爱奇艺推出许多优质原创节目、网剧、独播剧等，吸引用户关注，满足对新奇、专属内容的需求。

④便捷的操作体验：爱奇艺在界面设计、搜索功能、分类导航、推荐算法等方面提供良好的使用体验。

在爱奇艺的商业模式中，客户与用户的需求有所不同，同样潜在痛点与痒点也存在差异。作为在线视频平台，爱奇艺需要在满足广告主、内容制作商和合作伙伴的商业需求的同时，不断优化用户体验，为用户提供优质、便捷的在线观影服务，以实现良好的客户和用户关系发展。

知识 3-3　商业模式的类型——关联知识 3-1，3-2，2-9，5-1，5-2

下面归纳总结最常见的几种商业模式：

（1）多边平台式商业模式。

这种商业模式的主要理念依赖于将两种或多种不同的客户群体连接在一起。它并不是单纯地满足某一种客户需求，而是满足相互之间有交互的多种客户的需求。处理这种商业模式的企业必须熟知其所服务的所有客户群体，并理解他们如何通过平台服务进行互动，以及他们对这个平台期望得到的利益。该模式的显著特点在于创造了一个交互的空间，使得各方都从其中获益。

作为全球最大的出租车公司，Uber 是采用多边平台式商业模式的典型例子，它成功连接了乘客和司机。Uber 平台上的每一次交易都需要乘客和司机的参与，二者都是 Uber 生存和发展的基石；而 Uber 则通过提供这种连接服务获得收益。尽管 Uber 并没有在传统意义上“出售”任何实物产品，但是其商业模式的成功却在于其创新地满足了出行市场上的需求。

（2）长尾式商业模式。

这种商业模式强调在网络销售环境下，数量多但销售量少的产品（即长尾商品）也有庞大的销售市场。模式的名称来源于“长尾”分布理论，这个理论说明在网络经济环境中，大量的小众产品（长尾部分）的销售总量有可能超过少数的热销产品（头部）。长尾式商业模式的显著特点在于各种类型的产品都要准备充足，以满足市场的各种需求。以个性化需求为主的现代社会是这种商业模式的肥沃土壤，因为消费者在求新求异的同时，仍然希望能获得满足自我需求和价值实现的产品和服务。

亚马逊依靠其巨大的仓库和物流网络，提供了丰富的商品种类，满足了消费者的多元需求，这使得其在网络零售市场中建立起了无可匹敌的竞争优势。凭借这种商业模式，亚马逊不仅能提供主流的、大众化的商品，也维护了一个大量的小众商品库。这些商品虽然单个销售量不大，但是累积起来却成为亚马逊的重要收入来源。

（3）免费式商业模式。

这种模式主要提供免费的产品或服务，同时依赖于其他方式来实现收益。这种商业模式看似简单，但实际上隐藏了丰富的经济理念和运营手段。有许多企业成功地运用了免费商业模式，通过其他变通方式获取利润，从而对市场产生了巨大的影响。免费商业模式包括直接交叉补贴、第三方市场、免费加收费模式以及非货币市场等。其主要特点是：企业为用户提供的产品和服务基本上是免费的，而利润通常来自其他渠道。例如，部分产品免费，但采用收费模式的产品将获利；或者为用户提供免费服务，但将用户数据或用户注意力转卖给其他企业，从而获得收益。

Google 是免费式商业模式的明显案例，它为全球数十亿网民提供免费的搜索引擎服务，但却能获得巨额利润。这主要是因为 Google 的利润来自广告商的投放费用（即第三方市场）。利用搜索引擎用户产生的数据，Google 能准确锁定用户的兴趣和行为，为广告商提供定向广告服务，从而获得巨大的广告收益。

（4）非绑定式商业模式。

非绑定式商业模式包含了多种类型，其中包括产品创新型业务、客户关系型业务和基础设施型业务。这种模式强调在某一类型业务上取得突破，并以此为基础，建立起自身的竞争优势。对于产品创新型业务，企业需要依靠不断的产品更新和改进来获得竞争优势；对于客户关系型业务，企业需要树立自己的品牌形象，建立稳定的用户群，通过优质的服务和产品来稳定并扩大市场份额；而基础设施型业务则需要靠精良的基础设施和流程优化来有效降低成本和提升服务质量。

微信就属于典型的客户关系型业务，它的商业模式不依赖于用户购买产品或服务获利，而是通过广告、游戏、红包、企业服务、公众号和小程序等多种方式获取一定的交易佣金和服务费用。同时企业可以在平台上创建品牌和宣传营销，与客户互动，从而增加他们的销售额和品牌知名度，扩大收益来促进与微信平台的长期合作。微信正是由于拥有强大的用户基础和广泛的应用场景，已成为国内最重要的互联网社交媒体平台之一。

知识 3-4　商业模式画布——关联知识 3-1，3-2，2-7，2-9，6-1

商业模式画布（图 3-1）是由 Alexander Osterwalder 设计的一种工具，用来表示一个公司如何获取竞争优势，并利用模型创造价值。它提出了九个建构模块，并强调它们之间的相互关联性，共同构成一个完整的商业模式。这些模块包括客户细分、价值主张、渠道通路、客户关系、收入来源、核心资源、关键业务、重要合作、成本结构。如图 3-1 所示。

图 3-1　商业模式画布

（1）客户细分。它是商业模式的根基。在这个环节中，企业需要将市场划分为一些较为准确的、包含特定需求和购买习惯的群体。这些群体可能包括不同的年龄段、性别、生活方式、购物习惯等。细分市场的目的是准确地理解客户的需求和期望，以便企业更有针对性地开发产品或服务。其核心价值在于了解企业的目标市场，了解客户的需求，从而制订出适合的产品定位和市场策略。

（2）价值主张。它是企业向客户提供的一种经济价值，可能来自产品的独特性、性能、设计或者企业所提供的服务。企业的价值主张是影响消费者选择的主要因素之一。通过提供具有竞争力的价值主张，企业可以在市场中脱颖而出，赢得更多的客户。

（3）渠道通路。它是企业将商品或者服务传递到消费者手中的过程，可能包括批发、零售、电子商务、直销等多种渠道。渠道选择的好坏将直接影响到商品的销售量以及企业的市场份额。平衡各种渠道带来的成本与收益，寻找到适合企业发展的销售通路是非常具有挑战性的一项任务。

（4）客户关系。它描述的是企业与消费者之间建立的长期关系，可能包括忠诚计划、售后服务支持、在线社区等各种形态。通过深化客户关系，企业不仅可以提高客户的满意度，还能够改善品牌形象，提升市场地位。

（5）收入来源。它是企业通过其商业模式获得收入的途径，可能来自直接销售、订阅费、广告收入、会员费等多种形式。设计适合企业的收入模式，是确保企业营利的关键。这需要企业充分了解其产品或服务的价值，以及客户的支付意愿，从而找到最大化收益的方式。

（6）核心资源。它是企业运作其商业模式所需要的资源，可能包括公司的人员、资金、知识、技术和其他重要资产。这些资源将促进企业发展，制造价值，将价值传递给客户，并通过此获取收益。因此，合理配置和管理核心资源对于企业的成功至关重要。

（7）关键业务。它是企业为了达成其商业目标，必须进行的核心活动或项目，可能包括生产、销售、市场推广、研发等。了解并明确其关键业务，对于企业提升竞争力，精简运营，提升效率等方面具有重要的指导作用。

（8）重要合作。它是指企业与其他组织或个人建立的关系，以优化商业模式、获取资源、降低风险，或获取市场机会，可能包括供应商、分销商、代理商、联盟等。在今天这个高度全球化、网络化的时代，企业很难单独生存和发展，因此建立和维护良好的合作关系显得尤为重要。

（9）成本结构。它此部分描述了商业模式中涉及的所有重大成本，需要考虑在实现商业模式时所需要投入的所有资源，对确保企业的盈利能力具有决定性的作用。企业应根据其商业模式选择最有效的成本策略，以达到最高的盈利。

商业模式画布是一个有效的工具，它能够通过九个关键元素的组合，帮助企业理解并建立适合自己的商业模型。这些元素通常是相互关联的，共同作用于企业的价值创造、传递和收益过程。通过商业模式画布，企业可以更容易地找出自身的优势和不足，规划未来的业务发展，设计出更好的战略规划。

[实战演练]

瑞幸咖啡的商业模式画布

瑞幸咖啡的商业模式画布如图 3-2 所示。

图 3-2　瑞幸咖啡的商业模式画布

客户细分与价值主张：为什么要选择白领和年轻消费者？为什么要为客户提供高性价比和高便捷性的价值组合？因为传统咖啡企业为高端客户提供价格昂贵、卓越社交体验的咖啡产品服务，但无法满足日益增长的白领、年轻消费者的咖啡需求，这为瑞幸咖啡留下巨大的市场空白。根据客户细分分析项目，如表 3-1 所示。

表 3-1　客户细分项目

项目	白领	年轻消费者
市场潜力	有咖啡消费习惯，也有消费能力，咖啡消费频率高	受限于经济因素，咖啡消费频次少，但规模潜力巨大
消费场景	养成咖啡消费习惯，也有消费能力，咖啡消费频率高	相比社交功能，客户注重咖啡的“日常喝”——饮料功能
利益追求	希望在保持咖啡品质的同时，提高咖啡服务的便捷性	属于价格敏感性群体，希望得到高性价比的咖啡，且方便获得

渠道通路：App+ 实体店究竟有多大的创新？

客户痛点：咖啡长期存在价格高、便利性差等痛点，使中低收入群体“高攀不起”，其需求得不到满足。客户在 App 完成提前下单、移动支付、实时跟单、条码取餐、线上反馈等交易活动，实现“无接触式”交易减少等待时间，提高客户体验；同时能够积累大量客户数据，有助于精准营销、产品定制和精准开店。支持“无限场景”消费，提供外卖、自提和堂食等多种方式，其中外卖保证在 30 分钟送达，将线下咖啡店开进咖啡厅、办公室、校园、加油站等日常消费场景。

占据产品研发、品牌营销、线上线下销售网络等关键价值环节，其他价值环节则通过供应链管理串联起来，达到“四两拨千斤”的效果。基于技术驱动的 O2O 新零售是瑞幸咖啡的核心创新，其中 App 既要承担绝大部分的交易环节，又要承担大数据收集与挖掘的任务；线下实体店承担交付任务，如何降低实体店成本是成功的关键问题之一。如图 3-3 所示。

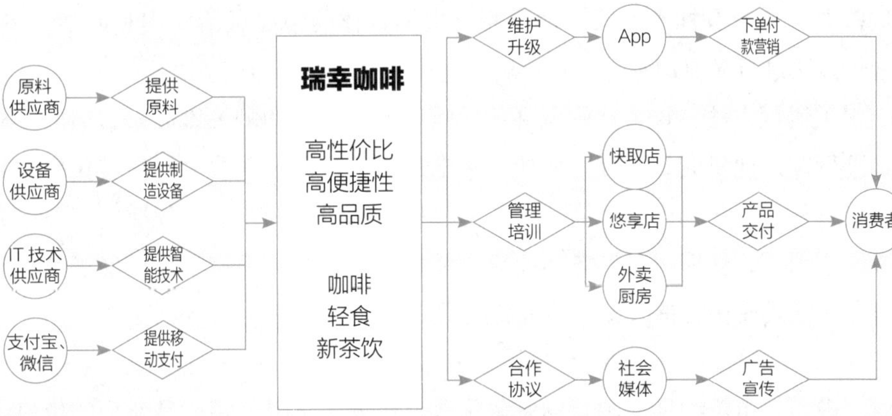

图 3-3　瑞幸咖啡的渠道通路分析

收入来源包括咖啡收入、轻食收入、茶饮收入三类，其中咖啡收入占比最高，但利润率较低。收入单一，依赖咖啡销售收入，但轻食、新茶饮既有助于优化收入结构，也有利于提高回购率。

成本结构包括原料成本、制作成本、物流成本、租金成本等，其中外卖配送成本是其新增成本类型，原料成本逐渐成为最主要的运营成本。单店成本低于竞争对手，但新增外卖配送成本。随着开店密度增加，自提比例增加，配送成本得到有效下降。瑞幸咖啡主要采用成本领先模式——优化门店选址与面积占用、精简门店运营、智能供应链管理等三种方法，如图 3-4 所示。

成本控制方法

优化门店选址与面积占用
- 以快取店为主，不提供堂食，有效降低店铺面积
- 依靠大数据为咖啡店选址，靠近消费者，租金单价低

精简门店运营
- 精简店面业务，减少服务人员、收银人员等人工开支
- 智能调度系统可以自动安排员工轮班和订单分配，提高运营效率

智能供应链管理
- 智能仓储管理和订单管理功能，能够准确地预测需求和管理库存
- 智能预测需求，分析库存和直接与供应商订货，进一步降低采购成本，提高运营效率

图 3-4　瑞幸咖啡的成本控制

知识 3-5　如何设计商业模式——关联知识 3-1，3-2，2-7，6-1，6-5

在设计商业模式的过程中，常用的方法包括但不限于关键因素法、价值创新法、相关分析法、逆向思维法、购买决策过程分析以及模式复制法。需要注意的是，这些方法并没有标准模式，而是需要根据具体的情况灵活应用和调整。下面，将对这些方法进行简要地阐述，重点解释每个方法的核心要点。

（1）关键因素法：该方法强调寻找影响商业模式成功的关键因素，然后针对这些因素进行深入地研究和设计。例如，在电商行业，流量获取、用户转化率和复购率等可能就是一些关键因素。商家需要通过提供高质量的产品、优质的服务等方法来改进这些因素，从而提升整体商业模式的成功概率。关键点在于准确识别和改善那些对商业模式成功有重大影响的关键因素。

（2）价值创新法：该方法来自《蓝海战略》一书，主张通过创新来打造独特的价值，进而在市场中形成独特的竞争优势。例如，苹果公司就是典型的价值创新者，它的产品从设计、功能到使用体验都标新立异，使得它从市场中脱颖而出，形成很强的竞争力。关键点在于价值创新，只有价值创新，才能使得商业模式跳出红海，进入蓝海。

（3）相关分析法：该方法主要是通过分析公司内部和外部的相关因素来设计商业模式。例如，内部可以分析企业资源、能力、商业流程等，外部可以分析行业态势、客户需求、竞争动态等。以亚马逊为例，其通过独特的“付费会员制”商业模式，借助自身雄厚的物流运营能力，结合线上消费者痛点（配送速度、配送费用等）进行设计。关键点在于因素分析的全面性。

（4）逆向思维法：该方法指的是从传统做法的反面去发掘新的商业模式。它要求企业者放弃传统的思维定式，尝试站在新的角度看问题。譬如，共享经济的典型

例子 Uber，传统出租车的商业模式是公司购买车辆、雇佣司机，而 Uber 逆向思考，使用闲置车辆和个人时间，就产生了新的租赁模式。关键点在于逆向思维，打破常规，从一个全新的角度去思考问题。

（5）购买决策过程分析法：该方法主要是通过分析消费者的购买决策过程，来设计符合消费者购买习惯的商业模式。例如，网易严选就是一个典型的例子，它发现消费者在购买过程中注重信息的透明、产品的品质，于是以“品质生活，严选裁决”的理念为消费者提供了值得信赖的产品。关键点在于消费者决策过程理解，只有深入理解消费者的心态和行为，商业模式的设计才能更有针对性。

（6）模式复制法：该方法主要通过借鉴和复制成功的商业模式，对其进行创新和调整以适应新的环境。例如，中国的拼多多就是将社交购物模式引入中国市场，通过与微信的深度绑定，创造出社交电商的新模式。此方法的关键点在于提取并创新成功商业模式的精髓。

以上六种方法都是设计商业模式的有效手段，它们能帮助公司从不同的角度去思考并设计出符合自身特点及市场需求的独特商业模式。

行动派：课后任务清单

行动 3-1　完成一项调研性作业

目标是帮助你理解和掌握商业模式画布的创新和应用。选择你熟悉的一个企业样本，并以此为基础完成以下任务。你可以是该企业的员工，也可以是他们的忠实客户，还可以是该行业的跟踪者或研究者。利用商业模式的 9 个要素，对你选定的研究样本进行深度分析，构建出该企业的商业模式画布。这将帮助你更全面、更直观地理解这家企业是如何创造、传递和获取价值的。

请完成以下表单：

（1）他们的客户群体主要有哪些？
（2）他们的产品系列或服务内容都有哪些？
（3）他们是如何进行市场推广的，建立了哪些销售渠道？

续表

（4）如果你是他们的客户，你会重复采购他们的产品或服务吗？为什么？
（5）他们是通过哪些产品和服务获得收入的？
（6）你发现哪些资源支持他们为客户提供产品和服务？
（7）你认为他们在向客户提供产品和服务的过程中做了什么？
（8）你认为他们拥有哪些资源后，企业会发展得更好？
（9）你认为他们在运营企业过程中需要支付哪些成本？
（10）你认为他们的企业文化是什么？
（11）你认为他们现在面临的最大问题和未来的不确定性是什么？
（12）根据你的分析和理解，提出1～2条改进该企业商业模式的建议，并尝试将你的建议反馈给企业。需将你们的交流记录（如聊天记录截图）或者面谈的合影附在作业上。

续表

我的建议是：①________________________________

②________________________________

我的交流记录是：

截图（照片）粘贴处

（13）完成你选定的这个企业的商业画布。

导师的反馈意见：

导师姓名		导师职称	
访谈时间		访谈方式	□线上　　□线下

行动 3-2　完成你的项目的商业模式画布

导师的反馈意见：

导师姓名		导师职称	
访谈时间		访谈方式	□线上　□线下

第四章

创业团队组建

- 第四章　创业团队组建
  - 任务
    - 4-1　创业者自我画像
    - 4-2　创业团队组建
    - 4-3　创业团队 5P 分析
    - 4-4　创业团队成员的角色定位
  - 知识
    - 4-1　创业团队的内涵
    - 4-2　创业团队的互补性
    - 4-3　创业团队的 5P 要素及优势
    - 4-4　创业团队的类型及优缺点
    - 4-5　创业团队的组建过程
    - 4-6　创业团队成员角色定位分析
    - 4-7　创业团队股权结构
    - 4-8　创业团队股权的分配方式
  - 行动
    - 4-1　组建创业团队

任务调度：团队组建

任务 4-1　创业者自我画像——知识关联 4-2，1-1

1. 思考：在成长历程中，你取得过哪些成绩，又有哪些遗憾，是什么原因使你取得了成绩，又是什么原因造成了遗憾。通过这些实例分析，请给自己画一个画像。

	知识方面	技能方面	资源	自我管理	事业与机遇
优势					
不足					

2. 基于自我画像分析，在一个创业团队中，你认为自己能够胜任哪些工作？为什么？你希望自己成为什么样的人？

3. 请将你的自我画像与定位分析在小组内分享。通过小组同学的集体分享，加深了解。小组同学基于彼此的了解和以往在课程中的表现，可以通过讨论或投票的方式，选出一个组长。请组长在全班用自我画像和课程表现的事实做自我介绍和演讲。

我们的组长是：

我对他的期望是：

任务 4-2　创业团队组建——知识关联 1-7，4-2，4-3，4-4，4-5

1. 请同学们一起探索创业团队是如何产生的。

（1）每位同学写出自己的团队组建想法（可视化）。

我认为：

（2）邀请一定数量（班级人数的 1/5，可以是毛遂自荐，可以是老师根据巡堂的结果定向邀请）的同学依次上台分享自己的想法（讲故事形式）。

2. 思考：如何说服同学加入你的团队并上台演说？

3. 全班同学以站队的形式对这些想法进行投票，每个想法的支持者最多 6 人。

4. 形成团队后，完成下列创业团队画布。请每组画出创业团队画布，先写出欲望，每人提供一个相关资源，填写目标（新的变化）、分工与规则。

任务 4-3　创业团队 5P 分析——知识关联 4-4

1. 请针对本组的创业项目分析自己的团队，初步完成下列创业团队 5P 分析表，思考你们是否满足团队建设的需求。

创业团队 5P 分析表				
目标	人	定位	权限	计划

2. 请针对本组的创业项目，通过小组讨论的方式，初步拟定你们的工作计划。

（1）我们项目团队有多少成员才合适？为什么？

____

____

____

（2）团队需要什么样的领导？为什么？

____

____

____

（3）团队领导职位是常设的还是所有成员轮流担任？为什么？

（4）领导者的权限和职责分别是什么？为什么？

（5）需要赋予其他团队成员特定职责和权限吗？为什么？

（6）我们团队应定期开会吗？为什么？

（7）会议期间要完成哪些工作任务？为什么？

（8）预期每位团队成员需要把多少时间投入团队工作？为什么？

（9）如何界定团队任务的完成？为什么？

（10）如何评价和激励团队成员？为什么？

任务 4-4　创业团队成员的角色定位——知识关联 4-6

1. 请基于对角色的理解，结合自我画像与分析，给自己在团队中做一个角色定位。你认为能全部胜任的画“√”，你认为能胜任部分的画“○”，你认为不能胜任的画“×”。个人完成后，在团队内汇总分析。

我的角色分析是：

角色	实干者	创新者	专家	完美者	监督者	推进者	协调者	信息者	凝聚者
胜任									

我们团队的角色分布是：（两个○，按一个√计算）

角色	实干者	创新者	专家	完美者	监督者	推进者	协调者	信息者	凝聚者
胜任人数									

基于上述情况，我们团队的对策是：______________________________

____

____

____

____

____

____

____

知识星系：创业团队组建

知识 4-1　创业团队的内涵——关联知识 1-3，1-7，4-2

创业团队是由两个及以上人员组成的具有一定利益关系、才能互补、责任共担、愿为共同目标或愿景而奋斗的工作团队。他们致力于创造新的商业机会，并将其转化为可持续的商业模式。创业团队的主要任务是通过创新和创造性的方法，开发新产品或服务，并在市场上推广和销售。创业团队的内涵涉及团队的本质和关键特点，包括团队的定义、组成、形成和运作等内容。创业团队的本质是由具有共同目标和价值观、互相信任并且具有强烈的集体归属感的成员所组成的。创业团队的重要性在于团队成员彼此之间的精神联系、情感联系以及相互依赖。创业团队有一个明确的共同目标或愿景，目标引领团队成员的思想和行为。没有目标，创业团队就没有存在的价值。以苹果的创始人乔布斯为例，他的愿景是做出触动人心的电子产品。这一愿景引导乔布斯和他的团队创新，最终将苹果打造成为全球价值最高的公司。从Macintosh到iPhone，苹果产品的设计一直以人性化为出发点，并深刻地理解用户需求。

在创业过程中，团队必须有勇往直前、承担风险的精神和决心。这不仅仅是对经济风险的承担，还包括在创业过程中的时间、精力和情感投入。敢于承担风险的团队更可能设定大胆的目标，挑战传统的方式，并在面临困难时寻求新的解决方案。在科技巨头亚马逊的发展历程中，这种风险承担的精神就非常突出。尽管在早期，它面临巨大的财务压力，甚至不断有人预测其将破产，但是杰夫·贝佐斯和他的团队依然选择了继续冒险。他们大胆地进行在线书店模式的创新，后续的电子商务和云计算服务的扩张、无人机配送等前瞻性的尝试，都是在大风险下取得的成功，这也是亚马逊成为全球最大的电子商务公司的重要原因。

创业团队的内涵反映在共享愿景的团结，以及不惧风险的决心和行动上。只有团队成员坚信他们正在做的事，愿意承担风险，并且共享始终一致的视野才可能实现他们的商业目标，并创造出真正的价值。

[实战演绎]

在当今的共享经济行业中，Airbnb无疑是一家在全球范围内制定了标准的领导者。这与他们的团队愿景、共同目标以及风险承担能力有着密切的联系。

2008年，Airbnb的联合创始人布莱恩·切斯基、乔·盖比亚和内森·布劳茨基基于一个简单的想法成立了Airbnb。他们相信，旅行应该是一种更具人情味和本地化的体验，而不仅仅是在外地住宿的交易。他们想解决的问题是如何利用互联网技术，让城市中的空闲住宿资源更好地为外地游客服务，提供一种新的住宿体验。他们的愿景是打造一个全球化的房屋共享平台，以促进人们在全球范围内分享自己的房源，享受在全球的旅游体验。

Airbnb的团队愿景一直充满乐观和进取心，他们坚信任何人都可以打破传统的旅行模式，享受到更自由、更具人情味的旅游体验。这个愿景引领着他们不断地创新，扩大服务范围，并且不断优化产品功能，以适应用户多样化的需求。

创新是Airbnb团队一直追求的共同目标。他们认为，只有不断尝试新的事物，才能满足用户日益增长的需求。比如，2016年，Airbnb推出“体验”服务，用户不仅可以在Airbnb平台订房，还可以预定当地的旅行活动，如烹饪课、艺术工作坊、户外探险等。这些变化是为了满足那些不仅寻求住宿，还希望全面体验当地文化生活的旅行者的需求。

Airbnb的共同目标还体现在对社区的责任上。他们希望通过分享经济模式，让更多的人从中受益。例如，Airbnb设立了一个名为“房东大使计划”的项目，旨在帮助新房东理解平台规则和获得更好的收益，帮助他们获得额外的收入；并且，此项目也帮助弱势群体解决住房问题，通过分享空置的房源，来帮助他们改善生活。

作为一家独立创业的公司，Airbnb联合创始人不仅面对着直接的经济风险，也得面对在挑战原有行业规则和模式时产生的种种困难。然而他们并没有退缩，而是勇敢地接受挑战，并且坚持自己的信念。

在2009年的时候，Airbnb的发展陷入了困境，不仅原先的商业模式没有得到用户的足够认可，公司的资金也接近枯竭。但是Airbnb的创始人并没有选择放弃，他们反而决定冒险，推出了一种全新的照片摄影服务，即为房东提供专业的房子拍照服务，来提高在线房源照片的质量。这个改变一举成功，使得Airbnb的用户体验大大提高，继而吸引了大量的用户。也正是因为敢于冒险，敢于做出改变，Airbnb才能从困境中挺身而出，走向成功。

知识4-2 创业团队的互补性——关联知识1-7，4-1，4-4

创业团队的关键在于合作，而合作的基础是团队成员之间的互补性。团队互补性是指团队中每个成员在知识、技能、资源和角色上的差异性，这些差异性可以增强团队的功能，提升团队的创新能力和解决问题的能力。只有团队成员具备独特和互补的能力，团队才能有效地进行协同工作，以实现其共同的创业目标。而且，一个优秀的团队并不意味着每个人都要成为“全能型”人才，而是每个人能在他们擅长的地方发挥自己的长处，并在需要的地方互相配合。

从思想角度看，为了拓宽创业视野，改进决策过程以及增强解决问题的能力，团队需要多元化的思想。多元化的思想可以带来新的观点、新的想法，激发团队中的创新活力，使得团队能够从不同的角度理解问题，探讨各种可能的解决方案。滴滴出行的创始团队就包括了来自互联网、汽车、金融等不同背景的核心人物，他们齐心合力，促使滴滴出行快速地占领市场，成为中国最大的出行平台。

从技能角度看，团队中每个成员具有独特的技能，这些技能互补性强，可以增加团队的整体实力。阿里巴巴创始团队中的马云，是一个有着丰富管理经验和广阔视野的企业家，他擅长战略规划和资源整合，而他的合伙人拥有各类互补的技术、营销、运营等技能，促使阿里巴巴迅速崭露头角，成为世界上最大的电商平台之一。

从资源角度看，创业团队的每个成员都可能拥有对公司有价值的关系网络、专业知识、资金或其他资源。这些资源的互补性能帮助团队将有限的资源优化配置，从而达到更大的效益。美图公司的创业团队，一方面有扎实的技术底蕴和丰富的产品开发经验，另一方面又有强大的市场推广能力以及商业运营资源，这些都使得美图公司能在短时间内快速推广自己的产品，稳固市场地位，成为中国领先的手机美化及摄影应用产品开发商。

创业团队的互补性是提升团队绩效、创新能力以及解决问题能力非常重要的一个因素，它能够保证团队在面对各种创业挑战时有足够的能力应对。因此，构建一个思想、技能、资源互补的团队，是每个创业者都应该重视和考虑的问题。

[实战演绎]

谷歌是全球最大的搜索引擎公司，它的成功在很大程度上归功于其创业团队的技能互补、资源互补和思维互补。谷歌的创始人拉里·佩奇和谢尔盖·布林在斯坦福大学相遇并开启了他们的创业之路。他们思想层面的互补性，表现在对技术的热情和对改变世界的坚定信念上。佩奇一直痴迷于技术创新，而布林专注于追求真正有意义的事情。他们的共同梦想是建立一个全球最大的搜索引擎，让世界上的信息对于任何人都变得无比方便。这种坚定的信念是他们不断追求、不断创新的动力源泉。

在技能层面，他们的互补性更为显著。佩奇是一位优秀的工程师，在技术方面具有出色的天赋。他发明了“PageRank”算法，这个算法被广泛应用于谷歌的搜索引擎中，并使其在搜索的准确性和相关性方面超过了其他竞争对手。布林在算法、数据挖掘等方面同样拥有丰富的经验和深厚的造诣，他的专业技能以及对新技术的迅速掌握能力，使得谷歌可以在极短的时间内快速迭代更新他们的产品和服务。

他们在资源层面的互补性体现在人脉和资源的互补上。佩奇和布林在斯坦福大学期间就已经建立了相当丰富的人脉资源，包括一些世界级的顶尖学者和技术人才。他们不仅利用这些人脉招募了一流的技术团队，为谷歌的初期发展奠定了坚实的基础，还利用他们的资源筹集到了初始资金（来源有风险投资方，还有他们的教师和朋友）。这些都为谷歌的发展提供了必要的支持。

这种团队互补性使谷歌得以从一个小型初创公司成长为全球的科技巨头。他们以宏大的愿景开始，借助专业技能使之成型，并且运用他们的资源为公司的发展注入源源不断的动力。谷歌的团队故事为我们展示出，一支团队在思想层面、技能层面和资源层面互补性的巨大价值，推动了类似谷歌这样的企业向前发展并取得了难以想象的成功。

知识 4-3　创业团队的 5P 要素及优势——关联知识 4-1，1-7

任何创业团队都需要具备五个必不可少的重要组成要素，即目标（purpose）、人员（people）、定位（place）、权限（power）、计划（plan），简称 5P。

目标（purpose）：创业团队应该明确一个既定的共同目标，为团队成员导航，引导企业未来的发展方向。创业目标是将团队成员的付出与努力凝聚起来的重要因素，在企业的管理中以企业的远景、战略的形式具体体现出来。从本质上讲，创业团队的根本目标都在于创造新的价值。

人员（people）：人是创业团队最核心的力量，任何计划最终还是要落实到具体的人去实施。创业团队成员是决定创业成功与否的关键要素。创业人员所拥有的知识对创业团队的贡献程度将决定创业企业在市场中的命运。

定位（place）：创业团队的定位，即创业团队通过何种方式同现有的组织结构相结合，从而创造出新的组织形式。它包括创业团队的定位和创业团队成员的定位。具体来讲，即创业团队在创业企业处于什么位置，由谁来选择和决定创业团队人员的组成，创业团队最终应对谁负责，以及团队采取什么方式激励下属，等等。

权限（power）：创业团队的权限，即团队成员的角色分配，具体是指要明确个人在新创企业中担任的职务、拥有的权利和承担的责任，是创业团队富有的职责和应享有的权利。在现代企业中，较为普遍的是实行民主管理方式。

计划（plan）：创业团队的计划，就是将创业团队的权限具体分配给创业团队成员，并明确创业团队成员如何进行分工合作，即制订成员在不同阶段分别要做哪些工作以及怎样做的指导计划。只有在计划的操作下，创业团队才会一步步贴近目标，最终实现目标。

［实战演绎］

瑞幸咖啡总部位于厦门，是中国最大的连锁咖啡品牌。其目标就是挑战并改变当前星巴克在中国的垄断地位。与星巴克的高端形象不同，瑞幸咖啡立足于更广泛的消费群体，通过充分利用移动互联网和大数据技术的新零售模式；与各领域供应商合作，致力于为客户提供高品质、高性价比、高便利性的产品。接下来，我们尝试分析瑞幸咖啡创业成功的 5P 要素：

在人员构成上，瑞幸咖啡的创始团队集合了一群来自餐饮、互联网、供应链等多领域的专业人才，这使得这家初创公司能够迅速扩张并打开市场。例如：公司的首席执行官钱治亚先生之前在车和家担任高管，具有丰富的互联网运营经验；首席运营官傅磊磊先生在开办瑞幸咖啡之前曾在麦当劳和肯德基担任高级职务，凭借在快速消费品领域的丰富经验，他成功领导瑞幸咖啡的运营。从战略定位上，瑞幸咖啡不像传统的咖啡店那样依赖实体门店盈利，而是将自身定位为“一个以技术为驱动的零售公司”。利用互联网，瑞幸咖啡通过 App 等线上订购与付款，实现了便捷的消费体验，并且通过大数据，更准确地把握和满足消费者的个性化需求。在管理上，瑞幸咖啡进行了高效的权限下放。各个门店的店长享有很大的自主权，可以根据具体情况进行定价，调整促销活动，这极大地提高了公司整体的运行效率和灵活性，也有助于抓住地域市场的独特性，进行差异化竞争。瑞幸咖啡设定了清晰的发展战略和计划，例如：大胆的开店速度和广泛的市场占有率。通过快速的扩张，瑞幸咖啡最终将自身从一个单一的咖啡品牌扩张成一个综合的生活服务平台。

瑞幸咖啡的团队在目标明确、人员优秀、定位准确、权限下放以及业务计划这五个方面，展现出了优秀创业团队应有的精神风貌和实干作风。瑞幸咖啡的创业案例向我们展示了一个成功的创业团队需要有清晰明确的目标、优秀的团队成员、正确的业务定位、科学的管理体系以及严谨的业务计划。

知识 4-4　创业团队的类型及优缺点——关联知识 4-3，4-2，4-5

创业团队可以从不同的角度、层次和结构划分为不同类型。依据创业团队的组成，创业团队大体上可以分为四种：风铃形创业团队、环形创业团队、星形创业团队、散点形创业团队。

（1）风铃型创业团队。

风铃型创业团队的特点是一个核心领导者带领一群围绕着核心领导者的成员组成的团队。在这种团队结构中，核心领导者对团队的决策有着至关重要的影响，往往起到了引领团队发展的关键作用。风铃型创业团队在决策中相对集中，其他团队成员往往负责执行核心领导者的决策。例如，大学生魏明在自己的校园内发现了共享单车的商机。他决定组建一支团队，自行设计生产共享单车并提供出租服务。于是他找到了同学张华、谢易和刘康一起创业。在这个团队中，魏明承担了核心领导者的角色，对整个团队的发展方向、经营策略等进行规划和决策。他让张华负责产品研发、谢易负责市场营销、刘康负责运营和客户服务。整个团队就像一串风铃，紧紧围绕着核心领导者魏明展开工作。

（2）环形创业团队。

环形创业团队的特点是所有成员在团队中地位平等，各自担当不同的职责，共同协作推动团队发展。这种团队结构中不存在绝对的领导者，决策往往是通过团队成员共同讨论、协商达成的。环形创业团队在决策过程中强调团队氛围和协作，具有较强的灵活性和创新能力。例如，赵小、钱二、孙三和李敏四人热爱旅游，他们发现校园内的学生在寒暑假期间寻找旅行团队的需求很大。因此，他们决定共同创立一家校园旅行社，提供旅游服务。在这个团队中，没有任何一个人是领导者，他们共同参与决策和管理。赵小擅长策划，负责规划旅游线路；钱二善于沟通，负责与供应商合作；孙三有着丰富的营销经验，负责推广销售；李敏负责财务管理。这个团队中的每个人都是环的构成部分，团结在一起共同发挥作用。

（3）星形创业团队。

星形创业团队具有分布式组织结构，各个成员之间相对独立，但他们在某个共同目标下进行协作，并汇总资源和信息。星形创业团队的成员往往分工明确，具有互补的专长，能够快速响应市场，推动创业项目的发展。例如，大学生蒋林设想创立一家为其他创业团队提供技术咨询服务的公司。为此，他邀请了具有不同技能的同学加入团队，包括设计师华小、程序员孙明、算法专家赵玉和市场推广人员潘二。在这个星型团队中，蒋林虽然是发起者，但并未担任指挥调度的角色。团队中的每个成员在各自的领域有所建树，他们按照项目需求协作，最后将成果汇总，各司其职，形成了一种分布式的工作模式。

（4）散点型创业团队。

散点型创业团队没有固定的组织架构和明确的决策流程，它强调的是各个成员在项目面前的平等与自主参与。散点型创业团队适用于那些创新性强、需要颠覆传统思维的创业项目。这种团队的成员往往由志趣相投、具备创新精神的个体组成。例如，大学生周敏觉得现有的课程教育模式束缚了学生的创造力，为此他提议与一群同学组建一个团队，共同研究一种以项目为驱动的教育模式。团队中没有明确的角色和职责划分，而是依靠所有成员平等讨论、分享想法和经验。最终建立起一个富有创新性的教育项目。

不同类型的创业团队都有其独特之处，适应不同的创业环境和项目需求。风铃型创业团队强调领导者的核心作用；环形创业团队注重成员之间的平等与协作；星型创业团队以项目为导向，分布式共同协作；散点型创业团队追求创新与颠覆。因此创业团队可根据实际情况选择合适的团队模式，发挥各自优势，共同实现创业目标。

［实战演绎］

华为，这是一个我们都非常熟悉的中国企业，是全球领先的信息通信技术解决方案提供商，华为的业务早已覆盖了电信运营商网络、企业业务以及消费者业务等多个领域，华为的成功在很大程度上取决于其网状创业团队的运作模式。

首先，华为有一支庞大的研发团队，分布在全球各地，通过互联网进行紧密沟通和合作，共同把华为的技术推向巅峰。他们设计出灵活且迅速响应的产品，始终保持着创新活力。其次，华为有着紧密的供应链网络。华为并未独立完成每一个制造环节，而是与全球数以千计的供应商建立了合作关系。这些供应链伙伴不仅提供了所需的零部件，更通过共同的思考和探索与华为合力打造了一套高效、灵活的供应链体系。再次，华为有着庞大的销售体系和服务网络。华为的产品已覆盖了全球 170 多个国家和地区，这样庞大的销售网络及客户服务支持，使得华为能在短时间内迅速响应全球各地的需求变化，为用户提供优质的产品和服务。最后，华为透过投资基金和创业孵化器支持着创新团队和技术项目，而这些充满活力的创新团队为华为带来了新的商业模式和技术创新。

这种网状创业模式让华为的资源得到了充分利用和分享，进一步提升了他们的创新能力及市场拓展力。并且在风险管理方面，他们也通过这种模式成功地分散风险，降低了失败的可能性。华为因此成功跻身全球技术巨擘之列，这源于他们深思熟虑的网状创业模式，于复杂之中寻求简单，于繁杂之中寻求高效。

知识 4-5　创业团队的组建过程——关联知识 4-2，4-3，4-4

在创业旅程中，团队的搭建是一项至关重要的工作。一个好的团队不仅能够更好地推动创业项目的实施，还能降低风险、增加成功的可能性。组建创业团队的过程包括以下几个阶段：明确目标、制订计划、招募人员、职权划分、构建团队制度体系以及团队的调整融合。下面将分别讲述每个环节的关键点和可能出现的问题。

在开始组建团队之前，首先要明确的是团队的目标。这个目标应该是清晰、可实现的，并且对团队的所有成员都有吸引力。只有具有明确目标的团队，才能够全力以赴、同心协力地去实现它。然而，目标的设定往往也是困难的。有时，创业者可能会模糊不清地设定目标，或者设定过于宏大的目标，这都可能导致团队成员的动力不足、执行困难。因此，正确地设定目标是团队组建的第一步。

有了明确的目标后，下一步就是制订实现目标的计划。计划应当包括各个阶段的工作内容和期限，这样可以让团队成员明白自己应该做什么、何时完成。在制订计划的过程中，常见的问题是过于乐观地估计工作的难度和周期，导致团队在执行过程中面临时间和资源的压力。因此，制订计划时要足够细致，充分考虑实际情况，避免制订过于苛刻的计划。

接着是招募人员，招募人员是团队组建中极其重要的环节。好的团队成员不仅要有专业的能力，还要有团队合作精神，能与团队其他成员有很好的合作。在招募人员时，可能会遇到的问题包括难以找到符合条件的人选，或者选人不当导致团队内部的矛盾。因此，招募人员时一定要谨慎，确保招募到的人既有专业能力，又能融入团队。

职权的划分有助于明确团队成员的岗位职责，让团队的工作更为顺畅。同时，合理的职权划分还能让团队成员感到被尊重，提高他们的积极性。然而，职权的划分也可能出现问题。如果划分不合理，可能导致工作效率低下，或者团队内部产生矛盾。因此，在进行职权划分时，需要充分考虑团队成员的能力和意愿。

构建团队制度体系包括定下团队的工作规则、决策机制、奖惩制度等。一个完备的团队制度体系能够让团队的运行更为有序，避免因为人为因素导致的混乱。制度的制订和执行也可能成为问题。比如，制度过于严格可能导致团队阻力过大；过于宽松可能导致团队无法有效运行。因此，团队制度需要根据团队的实际情况，做好平衡。

最后是对前几个步骤进行调整，让团队更好地融合在一起，这有可能需要调整计划、调整人员、调整制度等。调整融合过程中可能会出现团队成员有抵触情绪，或者因为过于频繁地调整导致团队的工作效率受到影响等情况。因此，调整融合过程需要慎重，同时尽可能减少不必要的调整。

创业团队的组建是一项复杂的工作。每个步骤都有可能出现问题，需要创业者深思熟虑，同时在实践中学习和调整。

[实战演绎]

阿里巴巴作为全球最大的电子商务公司，其成功经验在很大程度上源于其有效的团队组建和管理。那么，阿里巴巴在团队组建过程中是如何操作的呢?

阿里巴巴自创立之初，其创始人马云就明确提出了公司的目标——致力于让世界没有难做的生意。这个目标清晰、有追求，也充满了挑战，为阿里巴巴的未来发展定下了总体方向。在目标设定上，阿里巴巴的目标既明确又极具吸引力，它使得企业能够在不断发展变化的市场环境中保持清晰的发展方向和坚定的追求。在初始阶段，阿里巴巴制订了详细的发展计划，比如：为实现目标，阿里巴巴早期致力于打造一个全球领先的B2B平台，并在逐渐摸索中发展起了其他业务线，如淘宝、支付宝等。然而，规划发展的过程中也会遇到问题，比如 2002 年，阿里巴巴在尝试盈利模式时曾遭受巨大困难。因此，当制订计划时，也需要提升应对不确定性及风险的能力。

阿里巴巴在招募人员时，非常看重对企业文化的认同及是否具有“和血脉相连”的决心。除了拥有专业能力，还必须有团队精神和协作精神。阿里巴巴设立 CEO、CFO、CTO 等角色，并明确了各个角色的职责和权利。马云还创新性地提出了合伙人制度和员工制度，合伙人负责公司的战略规划和文化建设，员工负责具体的业务操作。此外，阿里巴巴还非常注重文化建设，制订了一系列的公司制度。这些制度的建立，使得阿里的团队能够高效、有序地运作。阿里巴巴还曾多次进行融合和调整，比如公司架构调整、部门合并等。这使得团队在不断变化中保持活力，适应环境变化。在融合和调整过程中，阿里巴巴以人为本，充分考虑各种困难，通过激励机制，如股权激励、保障福利等，减轻调整给员工带来的影响。阿里巴巴在组建团队的过程中，遇到了诸多的问题和挑战，但是却以其独特的策略和极高的执行力，一一克服，最终建立起了一支强大的团队，这值得所有创业者借鉴。

知识 4-6　创业团队成员角色定位分析——关联知识 1-3，1-7，4-2

在创业过程中，团队成员的自我认知是非常重要的。只有了解自己的优势、劣势、价值观和目标，才能更好地发挥个人潜力，与团队合作，取得成功。本节将帮助创业者了解自我认知的重要性，并提供一些方法和工具来促进团队成员的自我认知。

自我认知一般使用的方法和工具：

（1）自我评估：使用各种评估工具（如性格测试、职业兴趣测试等）来了解自己的个人特点、技能和兴趣。

（2）反思和记录：定期反思自己的经历、成就和挑战，并记录下来，这有助于发现自己的优势和改进的方向。

（3）寻求反馈：向团队成员、导师或专业人士寻求反馈，了解他们对你的观察和评价。

创业团队的成员在创业的过程中扮演着不同的角色，不同角色的参与程度有强有弱，这与他们的工作能力和工作定位有关。团队的能力不仅体现在每一个创业团队成员身上，更是团队成员在某一个方向上的能力集合。如：苹果公司的创始人史蒂夫·乔布斯在公司成立初期，就明确了自己作为首席执行官的角色定位。他负责制定公司的长期战略，领导团队实现这些目标。而其他团队成员，如蒂姆·库克

（首席运营官）、乔纳森·艾维（首席设计官）等，各自负责不同的业务领域，共同推动公司的发展。能力的发挥是基于角色、身份与工作定位的。创始团队成员都明确了自己的角色定位，并有效地组织和管理团队，使得公司能够快速发展和取得成功。

创业团队中一般有九类角色，他们分别是实干者、创新者、专家、完美者、监督者、推进者、协调者、信息者、凝聚者。一个优秀团队，这九种角色缺一不可。表 4–1 详细介绍了这九种角色的优缺点以及在团队中发挥的作用。

表 4–1　创业团队中的九类角色

	优点	缺点	作用
 实干者	工作努力，自律，务实，效率高；忠诚度高，为团队整体利益着想而较少考虑个人利益	处理问题缺乏灵活性；缺乏激情和想象力；往往不会主动寻求变化	好的实干者会因为出色的组织技能和执行能力而胜任高职位，能有力地推动企业实现目标
 创新者	知识渊博，想象力丰富，思路开阔	想法可能偏激或与实际不符；有较强的自我优越感，不善于与人打交道；不太注重一些细节上的处理	通常在一个项目刚刚启动或团队陷入困境的时候，创新者显得尤为重要
 专家	事业心强，专注力好，甘心奉献，积极主动	较为自我，不太容易接受他人非专业的意见	为团队提供专业的支持，有可能成为核心竞争力的代表人物
 完美者	具有毅力，追求卓越，遵守秩序，崇尚标准，勤奋努力	缺乏信任，喜欢事必躬亲，过于注重细节，相对容易忽视全局	完美者是高质量推进项目的保证，有利于良好工作作风的树立

续表

	优点	缺点	作用
 监督者	冷静、理智，善于分析和评价，善于权衡利弊，判断能力强	缺乏对团队中其他成员的鼓舞和激励，欠缺团队的融入感	监督者能使团队在关键性决策上少犯错误，最终推动项目的成功
 推进者	工作热情和效率高，对新观点接受更快，富有激情；抗压能力强	遇事比较冲动，容易与人争执，看不起低效率的人	一般是高效的管理者，是推进创业进程的最有效成员
 协调者	成熟、自信，办事客观，具有感召力，能以大局为重；善于协调各种错综复杂的关系	管理下属的能力弱，缺乏创造力和想象力；有时因注重人际关系而忽略团队目标	是创业团队中的润滑剂，善于处理内部问题，能将不同类型的成员组织到一起，向共同的目标迈进
 信息者	对新事物敏感，求知欲很强，善于感知外部的变化，勇于迎接各种新的挑战	欠缺专注力，给人留下不踏实的印象	善于外联、公关和谈判，能反馈外部信息，是团队与市场连接的纽带
 凝聚者	善解人意，大局观强，善于协调各种人际关系，具有很强的社交能力和理解能力	优柔寡断，不能当机立断	能整合各种有利因素，推动业务发展；是凝聚创业团队高昂士气的核心

知识 4-7 创业团队股权结构

创业团队中，如何给每个成员分配股份，是一个非常重要并且要认真考虑的问题。如果某个成员的股份太低，他的能动性就无法完全发挥；如果某个成员的股份太高，那一旦犯错，则代价较高，而且当有风险投资介入时，如果没有合理的股权分配机制，未来的发展也将存在巨大的隐患。

股权结构是公司总股本中不同性质的股份所占的比例及其相互关系，基于股东地位并可以对公司主张的权利就是股权。股权结构是公司治理结构的基础，公司治理结构则是股权结构的具体运行形式。不同的股权结构决定了不同的企业组织结构，从而决定了企业的治理结构，最终决定企业的行为和绩效股权的构成，包括团队股权与资本股权。科学合理的股权结构可以明晰合伙人之间的权责，科学体现各个合伙人对企业的贡献、利益和权利，有助于维护公司和创业项目的稳定；在未来融资时，股权要稀释合理的股权结构，有助于确保创业团队对公司的控制权；融资时，投资人会重点考察创业团队的股权结构是否合理；进入任何资本市场时，都会考察股权结构是否明晰、清楚和稳定。

大学生创业团队股权结构具有以下原则：

（1）股权结构不要平均化，平均化势必会产生内部的冲突，产生的后果可大可小。

（2）利益结构要合理，创业期的公司一般都是有限责任公司，出资形式可以是现金、实物、知识产权等。

（3）现金以外出资需评估或协商，按照价值来设定股权比例。也就是说，资金算一部分，工作能力算一部分，原来的背景、将来的贡献也算一部分，从这三个层面来划分股权比例。

（4）设立防冲突机制，建立明确的协议，避免产生冲突；预留投资占比，除此以外，股权可以动态分配。

（5）资本是把双刃剑，创业者与投资人也是博弈关系，当一家创业公司变为资本方驱动时，创始人便不得不将精力专注于投资人的退出战略，而不是建设新的企业。如何处理与资本方的关系一直是创业者思考的问题。

［实战演绎］

2006 年 12 月，英联、高盛、摩根士丹利联合向太子奶集团投资 7 300 万美元成立了“中国太子奶（开曼）控股有限公司”。三家投行约占股 30%，同时李途纯与三大投行签订了一份“对赌协议”，大体内容为：第一，太子奶未来三年设置一个预期净利润增长率，如果达不到该增长率，大股东就要根据不同的增长率差距给予投行不同数量的股份补偿，而如果超过这个增长率，投行就要根据超过幅度的不同反过来给予李途纯股份补偿。第二，股份补偿的上限为“大股东不丧失控股权”，但若太子奶产生亏损，大股东将丧失控股权。第三，如果大股东不愿意出让股权，可以以支付现金的方式代替出让股权。2007年9月，太子奶又获得花旗银行等六大国际银行提供的5亿元人民币的注资，李途纯个人需要对这笔贷款承担无限连带责任。但2008年国际金融危机爆发，太子奶出现各种问题。2011年8月31日，太子奶重整方案最终正式出炉。新华联控股及北京三元食品联合提供7.15亿元资金偿还太子奶的全部债务，并获得太子奶100%股权以及全部剩余资产。

知识 4-8 创业团队股权的分配方式

股权的分配原则，一是要看资源的贡献程度，从出资方式及数额、投入时间等方面来考虑，其中出资又可以细分为货币、知识产权和固定资产等。二是公司治理层面的把控，从股东从业经验或者对这个产品、用户、市场内部管理的精通程度考虑。三是公司未来发展的空间，从未来企业融资，人才引进以及股东的热情、专注、坚定程度等来考虑。股权的分配方法如下：

（1）股权的分配落地。股权分配方案要完成应有的工商登记备案。可采用股本溢价的方式进行解决，即创业者之间签署投资协议明确各股东之间的实际出资以及股权比例，并按照股权比例换算出资额并且进行工商登记，再将超出登记出资额的部分记入资本中。

（2）股权比例的计算问题。关于股权比例的计算公式，确定好各种投入要素如何估值之后，就可以简易地计算每个合伙人的股权。公式一般为：某个创始人的投入估值 ÷ 全体创始人的投入估值 = 某一个创始人的股权比例。例如，假设一个创业团队在初创阶段有三位合伙人，分别投入10万元、20万元和30万元的资金，那么他们各自的投入估值就是10万元、20万元和30万元。根据上述公式，第一位合伙人的股权比例是10万元 /60万元 =1/6，第二位合伙人的股权比例是20万元 /60万元 =1/3，第三位合伙人的股权比例是30万元 /60万元 =1/2。然而，公司的投入要素不仅限于资金。在公司初创时期，最需要的可能还包括时间、技术等其他要素，对这些要素的估值也会影响每位合伙人的股权比例。此外，一些企业可能采取平均分配股权的方式，即所有创始人一开始就拥有相等的股权，或者根据各方能力差异，进行相应的股权调整。

（3）投入要素的估值浮动。各种投入要素在创业初期的迫切性、稀缺性是不一样的。最迫切、最稀缺的要素可以按商议的比例适当地放大其估值。比如，对于绝大多数的创业者来说，初期可能最需要资金，所以初创企业在对金钱、时间等进行估值时，不一定只按金钱的实际金额估值，而可以将其估值放大。

（4）股权比例的计算时机。创始人向公司投入的各种要素比如资金、设施可能会在确定创业项目时一次性投入公司，但是最重要的投入要素——时间是各个创始人在创业过程当中通过自己的实际工作逐渐投入创业企业中的。因此，创始人对于公司的投入及其股权比例很可能将处于动态变动之中。团队分配股权，从根本上讲是要让创始人在分配和讨论的过程中感到合理、公平，从而集中精力工作，这是最核心，也是创始人容易忽略的。

实际上，初创公司因为股权分配导致的纠纷已经屡见不鲜。比如网络上曾经出现过“泡面吧”估值过亿却一夜分家；经营冷笑话精选的微博“草根”第一大号的伊光旭集团，因为股权纠纷导致核心团队成员另立门户；“罗辑思维”创始人罗振宇和申音让人唏嘘不已的和平分家。

［实战演绎］

1990 年，潘宇海在东莞市长安镇开了一家 168 甜品店。1994 年，姐姐潘敏峰和姐夫蔡达标也加入其中。股份结构是潘宇海占 50%，姐姐和姐夫各占 25%。为了扩大经营范围，三人决定将甜品店转型，并更名“真功夫”。初期企业经营以潘宇海为主，姐姐管收银，姐夫做店面扩张，这时潘宇海掌握着企业完全的主导权。1997 年，真功夫借助其“电脑程控蒸汽设备”攻克了中式快餐业的“速度”和“标准化”两大难题，开始在全国各地开设连锁店，企业快速发展起来。在这个阶段，负责店面扩张的蔡达标对企业的贡献越来越大，2003 年，企业主导权从潘宇海转到了蔡达标手中；2006 年，蔡达标、潘敏峰夫妇离婚，潘敏峰主动出让了自己的股权，归蔡达标所有。2007 年，为了“真功夫”早日上市，潘宇峰和蔡达标决定融资。“真功夫”出色的商业模式和发展业绩以及中式快餐市场的广阔发展前景吸引了众多股权投资基金的青睐。2007 年 10 月，今日资本和中山联动两家私募股权投资基金投资“真功夫”，估值高达 50 亿元，各投资 1.5 亿元，各占 3% 的股权。蔡达标和潘宇海的股权比例都由 50% 摊薄到 47%。也就是说二者的股权依旧是平分的。后来由于私募资本的进入，并都表示支持蔡达标，力图通过企业经营确立蔡达标的核心地位，这样一来，本来平衡的天平倒向了蔡达标，而潘宇海将逐步边缘化。这也引起了潘宇海的强烈不满。为此，潘宇海状告蔡达标非法挪动公司财产，经过法院的调查和审判，蔡达标最终被逮捕。“真功夫”的股权之争虽然落下了帷幕，但是此次股权之争给“真功夫”带来的影响不是马上可以消除的。

股权的分配问题对于每一个初创企业都是不可避免的问题，许多初创企业在成立之初因为对股权问题不了解或者不熟悉导致创业者忽视了股权分配，只进行了名义上或者简单地平均分配，为后面创业中股权发生重大变化之际，创始人不合、对簿公堂甚至被迫离开创业公司留下了隐患。因此，不难发现只有做好股权分配，创业团队才能更好地生存发展下去。

行动派：课后任务清单

行动 4-1　组建创业团队——关联知识 4-5，1-3，1-7，4-2，4-3，4-4

请结合本组的项目，完成创业团队的建设。小组成员协作完成以下训练。

1. 为我们的创业团队起一个名字。

2. 为我们的创业团队设计一个 LOGO。

创业团队的 LOGO

3. 用一句话说明我们是做什么的，要突出我们创业团队的主营业务和创新特色（100 字以内）。

续表

4. 设计的经营理念。
5. 设计的发展目标。
6. 我们需要什么样的人加入团队（越具体越好）?
7. 我们能为加入者提供的回报是什么（越具体越好）?
8. 创业团队风采展示：以团队为单位，制作一个能够展示团队风采的海报（A1 大小），拍照冲洗粘贴。
导师的反馈意见：

导师姓名		导师职称	
访谈时间		访谈方式	□线上　　□线下

第五章

创业资源整合

- 第五章　创业资源整合
  - 任务
    - 5-1　探索团队资源的潜能
    - 5-2　开发资源整合的渠道
    - 5-3　撬动创新融资的杠杆
  - 知识
    - 5-1　创业资源识别
    - 5-2　创业资源评估
    - 5-3　创业资源获取与整合
    - 5-4　创业资金的分类
    - 5-5　创业融资难的原因
    - 5-6　创业启动资金的测算
    - 5-7　创业融资渠道的选择
  - 行动
    - 5-1　研究样本基于商业模式的要素资源分析
    - 5-2　研究样本核心竞争力分析
    - 5-3　团队项目核心资源和融资计划分析

任务调度：资源细盘点

任务 5-1　探索团队资源的潜能——关联知识 5-1，5-2，3-4

1. 在现实生活中，我们都成长在一个资源丰富且复杂的环境中，资源在成长中发挥着重要的作用。请思考：在你的成长历程中，得过哪些让你引以为荣的成绩？又有哪些遗憾？是什么原因使你取得了成绩？又是什么原因造成了遗憾呢？请试着用三个成绩和两个遗憾进行分析，完成个人资源探索单。

个人资源探索单

第一次资源探索	第一件（个）让我引以为荣的事情（成绩）	
	取得成绩的原因（从自身努力、知识、技能、资源、机遇等分析）	
第二次资源探索	第二件（个）让我引以为荣的事情（成绩）	
	取得成绩的原因（从自身努力、知识、技能、资源、机遇等分析）	
第三次资源探索	第三件（个）让我引以为荣的事情（成绩）	
	取得成绩的原因（从自身努力、知识、技能、资源、机遇等分析）	
第四次资源探索	第一件让我遗憾的事情	
	造成这个遗憾的原因（从自身努力、知识、技能、资源、机遇等分析）	
第五次资源探索	第二件让我遗憾的事情	
	造成这个遗憾的原因（从自身努力、知识、技能、资源、机遇等分析）	

我们可以发现，成绩与遗憾都是多种要素综合作用的结果，其中所拥有的资源也发挥了重要的作用。资源包括自身资源、外部资源和机遇支持。请从个人资源探索表单中提炼我所拥有的资源和我所欠缺的资源，和大家分享。

（1）我所拥有的资源：

资源一：________________

资源二：________________

资源三：________________

资源四：________________

资源五：________________

其他资源：________________

（2）我所欠缺的资源：

资源一：________________

资源二：________________

资源三：________________

资源四：________________

资源五：________________

其他资源：________________

（3）我是否踊跃进行了分享：________________

2. 要想使团队项目启动，创业资源必不可少。请针对团队创业项目，从“我”所拥有的资源出发，从“我是谁”“我知道什么”“我认识谁”“我能帮助谁”“我能解决什么问题”五个维度，完成个人创业资源识别单。请注意，要从资源的角度进行分析，尽可能多地罗列出对这个项目的资源考虑。每位同学请独立思考完成，并重点关注自己所拥有的资源和团队项目的相关性。

我分析的项目：________________。

目前这个项目处于________阶段。

我所拥有的资源			回答
我是谁	欲望	这个项目与我想要达成的目标有什么关系	
	特质	我的哪些性格有助于这个项目的实现	
	能力	我的哪些能力有助于这个项目的实现	

续表

<table>
<tr><th colspan="3">我所拥有的资源</th><th>回答</th></tr>
<tr><td rowspan="3">我知道什么</td><td>教育</td><td>我的专业知识在这个项目中能发挥什么作用</td><td></td></tr>
<tr><td>培训</td><td>我接受过的哪些培训，在这个项目中能发挥什么作用</td><td></td></tr>
<tr><td>经验</td><td>我的哪些社会实践经验，在这个项目中能发挥什么作用</td><td></td></tr>
<tr><td rowspan="2">我认识谁</td><td>私人网络</td><td>我的私人社交中，哪些人会对我的项目有帮助</td><td></td></tr>
<tr><td>工作网络</td><td>我的工作伙伴中，哪些人会对我的项目有帮助</td><td></td></tr>
<tr><td>我能帮助谁</td><td colspan="2">我能够帮助的对象是谁</td><td></td></tr>
<tr><td>我能解决什么问题</td><td colspan="2">我能运用自己的资源帮助他人解决什么问题</td><td></td></tr>
</table>

3. 团队的每位成员均完成个人版项目创业资源识别单后，主体身份由“我”转化为“我们”，共同完成团队最终版项目创业资源识别单。请注意，分享过程中注意梳理团队成员所拥有的资源，按重要性原则进行筛选整合，并重点关注团队所拥有的资源和团队项目的相关性以及项目团队的每位成员的资源。

我们团队分析的项目：____。

目前这个项目处于________________阶段。

<table>
<tr><th colspan="4">第一步：综合项目团队成员的资源，从团队的角度重新回答这些问题</th></tr>
<tr><td colspan="3">我们所拥有的资源</td><td>回答</td></tr>
<tr><td rowspan="3">我们是谁</td><td>欲望</td><td>这个项目与团队成员想要达成的目标有什么关系</td><td></td></tr>
<tr><td>特质</td><td>团队成员的哪些性格有助于这个项目的实现</td><td></td></tr>
<tr><td>能力</td><td>团队成员的哪些能力有助于这个项目的实现</td><td></td></tr>
</table>

续表

我们知道什么	教育	团队成员的专业知识在这个项目中能发挥什么作用	
	培训	团队成员接受过的哪些培训？在这个项目中能发挥什么作用	
	经验	团队成员有哪些社会实践经验？在这个项目中能发挥什么作用	
我们认识谁	私人网络	团队成员的私人社交中，哪些人会对团队的项目有帮助	
	工作网络	团队成员的工作伙伴中，哪些人会对团队的项目有帮助	
我们能帮助谁		团队成员能运用自己的资源帮助哪些人	
我们能解决什么问题		团队成员能运用自己的资源帮助他人解决哪些问题	
综合评价，我们目前的资源分析和团队项目的相关性如何			
第二步：从团队的这些问题的回答出发，提炼项目团队目前拥有的6种资源			
团队自身的人力资源			
团队自身拥有的财务资源			

续表

团队自身拥有的物质资源		
团队管理中所体现的组织资源		
团队拥有的技术资源		
团队发展所需要的社会资源		

4. 项目小组从创业资源的角度，基于商业模式的要素盘点本组的项目：已经具备了哪些资源？具备到什么程度？还需要哪些资源？请思考：如何启动这个项目？在资源和能力方面，如何打造自己的核心竞争力？

我们团队分析的项目：____。

目前这个项目处于________________阶段。

第一步，基于商业模式进行资源要素分析					
商业模式要素	商业模式要素的具体达成目标	我们需要的资源	我们已有的资源	我们欠缺的资源	我们的应对策略
客户细分	发现客户需求，找到天使客户				
客户关系	建立并维护良好的客户关系				
渠道通路	建立有效的客户渠道				
价值主张	提供有效且具有竞争力的产品和服务				

续表

关键业务	完成关键业务				
重要伙伴	建立良好的上下游合作伙伴网络				
收入来源	扩大收入来源				
成本结构	合理控制成本支出				
第二步：综合以上分析，确定对现有资源的综合分析和策略					

5. 项目小组通过 VAIO 模型，确定项目团队今后打造核心竞争力的资源方向。请注意，很难有一家创业企业同时满足 VAIO 的四个要素，准确找到几个甚至一个亮点都非常难得。

我们团队项目的价值：________________

我们团队项目的稀缺性：________________

我们团队项目的不可复制性：________________

从组织的角度看，我们团队项目的优势：________________

因此，项目的核心竞争力：________________

项目未来的资源方向：________________

任务 5-2　开发资源整合的渠道——关联知识 5-3

1. 我们如何在市场环境中获取我们想要的资源呢？请准备若干彩色和白色卡片，彩色卡片标明创业项目需要的资源，白色卡片标明项目团队若干已有的资源。示例如下：

组名： 项目名称： 资源程度： 资源来源： 整合方式：

组名： 项目名称： 资源程度： 资源来源： 整合方式：

接下来在全班的范围内寻找并获取我们想要的资源，模拟在实际创业过程中面临的真实的寻求资源、对接资源、交换资源的市场环境。各创业项目小组内部首先达成共识：针对我们所需的资源，可以选择哪些方式来获取？彩色卡片需要准备多少张？针对我们已有的资源，哪些是具有交换价值并且是在团队承受范围内的？白色卡片纸需要准备多少张？进入交换环节后，每组成员在与对方交流的基础上，达成共识，将彩色的卡片纸交给对方，换取对方白色的卡片。体验结束后，我们针对活动加以复盘，完成反思清单，并在全班分享体验和感受。

我们项目需要获取哪些资源	
我们获取资源的方式有哪些	
在本轮体验中，我们获得了哪些资源	
我们付出了哪些代价	
我们用了哪些创新的方法获取资源	
想要获得更多的资源，我们的感受是什么	

任务 5-3　撬动创新融资的杠杆——关联知识 5-4，5-5，5-6，5-7

1. 请根据团队项目的具体情况，完成项目创业资金测算表单。请注意，在测算过程中，部门数据需要团队成员提前进行实地调查和市场调研，获取的数据越真实，测算的结果越有参考性。

创业项目投资资金测算		创业项目流动资金测算	
项目	金额	项目	金额
合计		合计	
预测启动资金合计			

2. 请根据团队项目的具体情况和项目创业资金预测表单测算出的预测启动资金，完成项目创业融资渠道表单。请注意，完成过程中可以对校外导师、成功创业者、创业投资人进行访谈调研，评估团队设计的融资渠道的可行性。

计划融资渠道	计划融资金额	该融资渠道的可行性

知识星系：创业资源整合

知识 5-1　创业资源识别——关联知识 5-2，5-3

创业资源是指企业创立以及成长过程中所需要的各种生产要素和支撑条件。对于创业者而言，只要是对其创业项目和新创企业发展有所帮助的要素，都可以纳入创业资源的范畴。这就意味着要从广义上去考虑那些能够推动创业事业发展的要素。

创业者思考和行动五大原则中的手中鸟原则告诉我们，手中一只鸟胜过丛林中的两只鸟（A bird in the hand is worth two in the bush）。自己所能控制的资源才是真正的资源，不要盲目追寻你没有的，而要专心于你所拥有的；你就是自己最大的闲置资源和机会来源；创业就是重新利用你的闲置资源创造新的价值。概括来说，每个人都有的三种资源，包括：我是谁？我知道什么？我认识谁？

我是谁：包括我想成为什么样的人，我的特长和技能；

我知道什么：包括我的教育经历、培训经历和生活经验；

我认识谁：包括我的私人社交和公共社交。

而这三种资源可以进一步提炼并细分为团队自身的人力资源、财务资源、物质资源、组织资源、技术资源、职业资源、项目发展需要的社会资源等。常见的资源包括以下几类：

（1）人才资源：指在创业过程中具有关键作用的人才。在启动项目之前，需要搜寻并聘用人才，然后结合实际情况将人才安放在合适的位置。

（2）资本资源：指在创业初期需要一定的创业资本。创业资本直接决定着创业后期的持久性以及稳定性，因此要准备好充足的创业资本，防止后期缺乏动力。

（3）红利资源：指对市场的敏锐洞察力，同时要对国家有关部门颁发的与创业有关的法规政策进行适时把握。

（4）技术资源：指使用的方法、手艺或者科技，因为创业技术直接决定着生产成本的高低，需要结合实际情况作出调整。

（5）管理资源：指企业诊断、市场营销策划、制度化和正规化企业管理的咨询等。

（6）场地资源：指场地的内部基础设施建设、便捷的计算机通信系统、良好的物业管理和商务中心等资源。

（7）信息资源：指及时的展览会宣传和推介信息、丰富的中介合作信息、良好的采购和销售渠道信息等资源。

（8）文化资源：指高科技企业之间相互学习和交流的文化氛围、相互合作和支持的文化氛围等资源。

知识 5-2 创业资源评估——关联 3-4，5-1，5-3

创业资源评估是指对创业过程中所需的各类资源进行评估，以确定其是否具备创业所需的资源条件，以及是否需要寻求外部支持来满足资源需求。在创业过程中，创业者需要对这些资源进行全面地评估和规划，以确保创业目标的实现。这需要创业者具备市场洞察力、创新思维和一定的财务知识等能力，同时还需要对行业和市场环境有深入的了解。创业资源评估是创业过程中非常重要的一环，它可以帮助创业者识别自身的优势和劣势，发现潜在的商业机会和风险，以及制订相应的策略来应对外部环境的变化。

在对创业团队所拥有的创业资源有了初步认知的基础上，要以如何顺利启动这个项目为主题，从商业模式各模块所需要的具体资源出发，以确定该项目各要素是否具备资源充足性和可持续性为评判标准，完成项目的创业资源评估，找出目前已具备的资源及其程度以及还需要的资源。

完成商业模式模块资源分析后，已经对创业资源有了较为深刻的理解。一个项目或企业要获得成功，其所拥有的资源和资源发挥的效能至关重要。创业需要各种资源，包括人力、物力、财力、时间、信息等。这些资源是创业的必要条件，缺乏这些资源，创业就无从谈起。在竞争激烈的市场环境中，拥有充足的资源是企业获得竞争优势的关键。通过合理配置和利用资源，企业可以提高生产效率、降低成本、提高产品质量和服务水平，从而获得更大的市场份额和更高的利润，并且企业的战略目标需要各种资源的支持和保障。通过获取和整合资源，企业可以制订并实施有效的战略，以实现其长期发展的目标。那么，什么样的资源才能支撑项目发展的核心竞争力呢？下面介绍一个针对组织内部资源和能力、分析竞争优势和弱点的工具——VRIO。

VRIO 是由美国管理学会院士杰恩·巴尼（Jay B. Barney）于 1991 年提出的模型，其核心思想是可持续竞争优势依赖于独特的资源和能力，企业可把这些资源和能力应用于环境竞争中。为了发现这些资源和能力，管理人员必须从企业内部寻求有价值的、稀缺的、模仿成本高的资源，然后经由他们所在的组织开发利用这些资源。作为针对企业内部资源和能力、分析企业竞争优势和弱点的资源评估工具，VAIO 模型由四个问题构成：

价值（value）：资源必须具有价值，且满足市场需求、行业趋势以及顾客的利益。企业的资源和能力能使企业对环境威胁和机会作出反应吗？

稀有性（rareness）：资源不是所有竞争对手都拥有的，应具备独特性。有多少竞争企业已拥有某种有价值的资源和能力？

不可模仿性（inimitability）：所持有的资源难以或者不能被竞争者复制，竞争对手获取它的成本劣势大。不具备这种资源和能力的企业在取得它时，与已经拥有它的企业相比较，处于成本劣势地位吗？

组织（organization）：具有以上三个特性的资源需要被公司管理、整合和最大化运用。一个企业的组织能充分利用起资源和能力的竞争潜力吗？

［实战演绎］

谷歌公司成立于1998年9月4日，由拉里·佩奇和谢尔盖·布林共同创建，是一家位于美国的跨国科技企业。谷歌的业务包括互联网搜索、云计算、广告技术等，同时开发并提供大量基于互联网的产品与服务，其主要利润来自关键词广告等服务。1999年下半年，谷歌网站“Google”正式启用。谷歌被公认为全球最大的搜索引擎公司，其业务遍及全球。我们用VRIO模型拆解谷歌公司的核心竞争力，可以得到以下结论：

第一，从价值的角度来看，谷歌公司的主要价值在于其庞大的数据和储存资源，以及自主研发的搜索技术和广告平台；

第二，从稀有性的角度来看，搜索引擎技术的独特性和业务的高增长性在同类型企业中较为罕见；

第三，从不可模仿性的角度来看，谷歌公司造价昂贵的储存和数据中心以及复杂的搜索算法很难被同行复制；

第四，从组织的角度来看，明显开放精神、高分享促进协作和创新的精神、优秀的研究团队和科研成员能够有效地整合企业的资源，使企业组织管理富有活力，得到资源的最大化运用。

因此，通过VRIO模型的分析，谷歌公司的核心竞争力可以归结为以下几点：

（1）搜索引擎技术：作为世界上最大的搜索引擎公司之一，谷歌通过不断优化算法和增强搜索功能，建立了非常强大的搜索引擎技术，这使得用户可以快速、准确地找到所需要的信息。

（2）广告平台：谷歌公司还拥有强大的广告平台，与其搜索引擎技术相结合，可以帮助广告客户轻松地将广告投放到目标用户中，并实现更高的广告收益。

（3）数据和储存资源：谷歌公司使用庞大的数据和储存资源，这些资源通过谷歌的搜索引擎技术，可以向用户提供更好的搜索服务和个性化建议。

（4）创新：谷歌公司一直致力于创新，并且不断提供新的产品和服务。例如，谷歌的自动驾驶汽车、智能助手 Google Assistant 等都是突破性的创新，这些创新使谷歌处于一个领先的地位。

总之，谷歌公司的核心竞争力在于其独特的技术和资源贡献，通过这些资源，谷歌可以实现创新、成长，保持领导地位。

［实战演绎］

某电商创业公司是一家专注于家居用品领域的电商平台。在创业初期，该公司面临着许多挑战，其中包括如何识别和获取关键的创业资源。

首先，公司创始人通过自筹资金、申请贷款和引入风险投资等方式，筹集了必要的创业资本。这些资本用于建立电商平台、采购首批家居用品和进行市场推广等。

其次，公司创始人利用自身的行业经验和人际关系，与一些家居用品供应商建立了合作关系。这些供应商提供了一些初期所需的货源和物流支持，帮助公司顺利上线并开始运营。

此外，公司还积极寻求与其他电商平台的合作，以共享资源、扩大市场份额和提升品牌知名度。例如，该公司与一家知名电商平台合作，共同推出了一款定制的家居用品系列。

在人力资源方面，公司通过招聘、培训和激励措施，建立了一支专业的队伍。这支队伍包括产品经理、技术开发人员、市场营销人员和客户服务人员等。

通过这些资源的有效整合，该电商创业公司在短时间内实现了快速发展。其家居用品系列在市场上获得了良好的口碑和销售业绩。同时，公司还吸引了更多的合作伙伴和投资者，进一步扩大了自身的规模和影响力。

这个案例表明，创业资源的识别和获取是创业过程中的重要环节。创业者需要积极发掘和利用各种资源，以支持企业的成功和发展。同时，资源的有效整合也是实现企业目标的关键因素之一。

知识 5-3　创业资源获取与整合——关联知识 5-1，5-2

创业往往都是白手起家的。在创业启动的时候，资源一般不会找上门来，只有通过自己的努力，才能获取资源，也只有自己强大，才能吸引资源。

从创业资源渠道上看，大学生创业者可以从以下几个渠道获取所需的创业资源：

（1）创业投资：投资是创业者获得初创资本的主要途径之一。创业者可以通过VC机构、天使投资人、企业加速器等途径，获得资金支持和管理经验。

（2）政府补助：一些国家或地区政府可能提供一些创业资源，例如创业发展计划、创新计划等。

（3）创业竞赛：通过竞赛，创业者可以展示自己的想法和创新思路，获得与会者的关注、资源和投资，还有可能获得部分资金支持。

（4）众筹：众筹是一种融资方式，向大众募集项目资金。众筹一般利用互联网和SNS传播的特性，让小企业家、艺术家或个人向公众展示他们的创意，获取公众的关注和支持，进而获得想要的资金支持。

（5）合作伙伴：创业者可以通过寻找合适的合作伙伴，获得更多的资源和支持。这些合作伙伴可能是供应商、客户、投资者或其他相关公司；他们可以为创业者提供资金、人力等资源，加速企业发展。

（6）自建资源：创业者可以利用自身资源，例如个人储蓄、草根投资、技术专长等来展开自己的企业。虽然这种方式可能增加创业的风险，但其所获取的利益也可能更为显著。

创业资源的整合是一个复杂的动态过程，创业企业对不同来源、不同层次、不同结构、不同内容的资源进行选择、汲取、配置、激活和有机融合，使其更具有柔性、条理性、系统性和价值性的过程。资源整合的过程通常包括以下几个步骤：

（1）制订资源整合计划：明确资源整合的目标、原则、策略和步骤，为后续的整合工作提供指导和规范。

（2）评估现有资源：对自身所拥有的资源进行全面地评估，包括人力资源、物质资源、财务资源、技术资源等，了解资源的优势和劣势以及资源的利用情况。

（3）确定资源需求：根据资源整合计划，明确所需的资源种类、数量和质量，分析资源缺口，制订相应的资源获取和调配计划。

（4）寻找和获取资源：通过市场采购、联盟合作、自力更生等方式，寻找和获取所需的资源，同时要注意资源的可持续性和环保性。

（5）配置和优化资源：根据实际需要，对所获取的资源进行合理地配置和优化，包括对资源的分配、调整和使用等，确保资源的有效利用和效益的最大化。

（6）管理和维护资源：对整合的资源进行科学地管理和维护，包括对资源的登记、保管、维护和更新等，确保资源的可用性和可靠性，延长资源的使用寿命。

（7）评估资源整合效果：对资源整合的效果进行全面地评估，包括资源的利用率、效益、成本等方面，总结经验教训，为今后的资源整合提供参考和借鉴。

需要注意的是，以上步骤具体实施时可能需要根据具体情况进行调整和完善。同时，创业资源整合是一个持续的过程，需要不断进行优化和创新。

［实战演绎］

Airbnb是一家共享经济平台，让用户可以通过网站和移动应用程序将闲置的房屋出租给旅行者。在Airbnb的早期，创始人面临着各种挑战，包括获取足够的房源、建立信任、推广品牌等。为了克服这些困难，他们采取了多种渠道获取资源的方式。

首先，他们通过朋友和家人的支持获得了初始资金。其次，他们积极参与各种创业活动和比赛，通过展示他们的创意和商业模式，获得了更多的投资和合作伙伴。此外，他们还通过传统的广告和营销方式，如SEO、社交媒体营销等，来推广他们的品牌和吸引更多的用户。

在房源方面，Airbnb的创始人通过各种方式获取房源信息，包括与房东建立联系、参与房地产展览会等。他们还利用了社交媒体平台来扩大房源供应，通过与当地社区合作来获取更多的房源。

通过这些渠道获取的资源和支持，Airbnb逐渐发展成为全球最大的共享经济平台之一，自2007年成立以来，已为全球数百万人提供住宿服务。截至2023年，Airbnb在全球范围内拥有超过3 000万房源，用户满意度和口碑极佳。公司估值已经超过300亿美元，并且还在继续增长。

Airbnb的成功创业表明，通过多种渠道获取创业资源是非常重要的。Airbnb的成功不仅仅是因为创始人们的创意和商业模式，还因为他们在早期采取了积极的措施来获取所需的资源和支持。

知识5-4　创业资金的分类——关联知识5-7

创业团队在创业初期，普遍面临缺乏创业资金的经营瓶颈。企业只有拥有足够的资金才能够从市场上获取各种不同的生产要素，为价值创造提供必要的前提。创业融资是指创业企业根据自身发展的要求，结合生产经营、资金需求等现状，通过科学地分析和决策，借助企业内部或外部的资金来源渠道和方式，筹集生产经营和发展所需资金的行为和过程。

创业资金是指创业者在创办新企业或推动既有企业发展过程中所需要的资金。创业资金可以用于支付初始固定成本、运营费用、产品开发、市场推广、雇员薪酬等。创业资金的分类主要包括以下两类：

自有资金：创业者自身拥有的个人资金，包括积蓄、个人财产或者家族资产等。

外部融资：外部融资是指创业企业通过向外部来源寻求资金支持的方式来满足企业的资金需求。创业者通过与投资者、金融机构、政府等合作，获取所需的资金来支持企业的发展。

创业者在选择创业资金来源时，应根据自身实际情况和企业需求，综合考虑各种融资方式的利弊，并与专业机构、投资者或合作伙伴进行充分地沟通和谈判。

[实战演绎]

Letv（乐视）是一家中国科技公司，由贾跃亭创立，涉足多个领域，包括电视、智能手机、互联网电影等。乐视在其创业初期取得了巨大成功，吸引了大量投资，并迅速扩张业务。然而，乐视由于资金问题而陷入困境，最终导致破产。乐视在追求快速发展的同时，扩张过于迅速，并进行了一系列大规模且高投入的战略投资。由于战略决策和资金管控的问题，乐视很快面临债务危机。其主要的债务问题和资金链断裂导致了公司的破产。

乐视的惨淡收场凸显了创业企业在追求快速发展时需要谨慎管理资金的重要性，尤其是对于大规模投资和扩张计划。创业企业应该建立稳定的资金来源，合理规划资金用途，并确保与可靠的投资者和金融机构建立良好的合作关系。同时，公司应该注重建立健全的财务管理体系，及时发现并解决资金问题，以避免因资金断链而导致破产。

知识 5-5　创业融资难的原因——关联知识 5-7

创业者和创业团队可能有好的想法和创意，并且愿意承担创业风险，与此同时缺乏创业资本，想要寻求外部渠道的融资。但是在现实的融资环境下，我们发现创业者获取融资面临很大的挑战，“融资难”“融资慢”的问题困扰着很多创业者。究其根本，主要包括以下几个原因：

（1）高风险性：创业项目通常存在较高的风险，尤其是在早期阶段。这使得许多投资者对投资创业项目持谨慎态度，他们更愿意将资金投向已经验证并有良好前景的企业。

（2）缺乏良好的商业计划：投资者通常需要看到具有吸引力和潜力的商业计划，以评估创业项目的可行性和回报潜力。如果创业者没有清晰、全面和可行的商业计划，他们可能会面临更大的融资困难。

（3）不成熟的市场：当创业项目处于不成熟或相对新兴的市场时，投资者可能会对市场前景的不确定性持谨慎态度；缺乏充分的市场研究可能会导致投资者犹豫，从而增加融资的难度。

（4）缺乏资产或担保：对于传统的银行贷款来说，缺乏可抵押资产或担保物品可能会使创业者无法获得贷款；这对于初创企业尤其困难，因为他们可能没有可用于担保的资产。

（5）执行风险：投资者除了关注项目本身，还会评估创业团队的能力和执行能力。如果团队缺乏相关经验、管理能力或市场知识，融资可能会变得更加困难。

（6）市场竞争激烈：在某些行业或市场中，竞争可能非常激烈，导致投资者难以确定项目的竞争优势和可持续性；继而增加融资的风险和难度。

（7）宏观经济条件：整体的宏观经济环境对投资者和金融机构的信心和风险偏好会产生影响。不稳定的经济环境可能导致投资者更加谨慎，更不愿意投资或提供融资支持。

要克服创业资金融资难的问题，创业者应注重打造有吸引力的商业计划，增加团队的实力和专业性，并积极寻找合适的投资者和融资机会，比如寻求政府和其他资源支持，参与创业孵化器和加速器等创业生态系统等。

［实战演绎］

某大学生初创企业专注于开发和推广新型可再生能源技术。该企业创始人拥有相关领域的专业知识和一定的经验，并且成功地开发出一项具有潜力的创新技术。然而，在寻求资金支持的过程中，他们遇到了诸多困难。

首先，由于可再生能源行业的发展较为初级和不成熟，投资者对该行业的不确定性和风险持谨慎态度，许多传统的投资者选择将资金投入已经成熟和稳定的行业，而非涉足新兴领域。

其次，虽然创始团队致力于技术的发展，但他们缺乏商业化和市场推广的能力，缺乏对市场需求的深刻理解和商业模式的明确规划，使得投资者对该项目的前景产生了怀疑。

此外，该技术领域的竞争也非常激烈。其他大型企业和知名创业公司也在研发类似的可再生能源技术，并吸引了大量的资金投入。这使得创业团队的项目更加艰难，难以获得融资。

由于上述因素的影响，该初创企业在融资过程中遇到了许多挑战，无法快速获得所需资金。他们不得不继续依赖有限的资源进行研发和推广，同时努力改进商业计划和市场推广策略，以提高吸引投资者的能力。

尽管如此，这家初创企业通过参加行业展览，与相关专业人士建立联系以及利用创业竞赛等机会，最终成功获得了一笔小规模的天使投资，为项目的发展提供了一定的资金支持。这个案例表明，创业者在面临融资困难时，需要坚持不懈地寻找适合的机会，并持续改进自身能力和项目规划，以提高吸引投资者的能力。

——大学生孵化园真实项目转化案例

知识 5-6　创业启动资金的测算——关联知识 5-7

创业项目的启动资金是指为了启动和正常运营创业项目所需的初始资金，包括各种开支和支出。测算创业启动资金是创业过程中非常重要的一步，它可以帮助创业者评估和规划所需的资金量，从而帮助他们更好地做出财务决策和融资准备。创业启动资金的测算包含两个部分，投资资金的测算和流动资金的测算。

（1）投资资金。

投资资金是指创业团队为创办企业而购置的固定资产和无形资产，以及支付创办费用和其他投资。投资资金的分类如表 5-1 所示。

表 5-1　投资资金的分类

投资资金分类	固定资产	企业购置的价值较高、使用寿命较长的资产，比如房产、设备、生产线等
	无形资产	企业长期使用的、不具有实物形态但能带来经济收益的资产，比如特许经营权、商标权、专利权等
	创办费用	企业在筹建期间实际发生的费用，包括筹办人员的薪酬、办公费、培训费、差旅费、印刷费、注册登记费等支出
	其他投资	除上述投资外，开办企业还可能发生一次性装修费、转让费等支出

（2）流动资金。

流动资金是指创业企业维持日常运转所需要的资金，包括购买并储存原材料和商品的费用、促销广告费、员工薪酬、租金、保险费和其他运营费用。具体分类如表 5-2 所示。一般情况下，创业企业开业后需要经营一段时间才能有足够的销售收入。创业企业想要获得理想的销售收入，必须花时间、精力和资金进行推广，才能获得具有一定滞后性的经济回报。

表 5-2　流动资金分类表

流动资金分类	购买并储存原材料和商品的费用	企业生产产品需要原材料，提供服务也需要一些材料。预计的库存越多，创业企业所需要用于材料采购的流动资金也就越多。因此，需要将库存降到最低限度
	促销广告费	企业成立后，往往需要对产品和服务进行促销，继而产生广告促销费用
	员工薪资	员工工资及奖金
	租金	包括创业企业为降低资金投入，租赁房产、设备所产生的费用
	保险费	包括企业购买的社会保险和商业保险
	其他费用	企业在经营初期所支付的其他费用，比如交通费、信息费等

知识 5-7　创业融资渠道的选择——关联知识 5-4，5-5，5-6

创业者可以通过的各种途径和方式来筹集资金，以支持企业的发展和运营。常见的创业融资渠道包括以下几种：

（1）自筹资金：创业者使用自有资金或者借款来启动和运营企业，包括个人储蓄、亲友借款等。私人资本是创业融资的最主要的渠道，其中创业者自筹资金又是最主要的融资方式。根据世界银行所属的国际金融公司对北京、成都、顺德、温州 4 个地区的私营企业的调查分析结果，我国的私营中小企业在初始创业阶段几乎完全依靠自筹资金，其中 90% 以上的初始资金投入都是由创业团队成员以及家庭来提供的。

（2）天使投资：天使投资者是有意愿为早期阶段的创业企业提供资金支持、经验和网络资源的个人投资者或群体。创业者可以通过天使投资者来获得启动资金和专业指导。

（3）风险投资：主要指的是专业的投资机构向初创企业提供资金支持，并取得该公司股权的一种融资方式，是私募股权投资的一种形式。风险投资一般会把资本投向蕴藏着失败风险的高新技术及其产品的研究开发领域，目的是促使高新技术成果尽快商品化和产业化，以取得较高的资本收益。风险投资的特色在于甘冒高风险以追求最大的投资报酬，并将投入风险企业所收到的回报继续投入高风险、高科技、高成长潜力的企业，实现资金的循环增值。

风险投资与天使投资非常相似，但是它们也是有区别的。

首先，从投资人来说，风险投资的投资人是组织化的专业投资机构，而天使投资人可能非组织化的个人企业家或机构，也可能是某个企业或者机构，但是这个企业或者机构并非专业的有组织的投资公司。

其次，风险投资的资金来源主要是风险投资商，这些资金有专门的投资用途，而天使投资的资金来源主要是民间的资本。另外，风险投资对投资对象的筛选非常严格且过程复杂，签订的投资协议也非常详尽，因此要获取投资所花费的时间比较长。而天使投资程序相对简单，可以较快速地获取资金。

最后，风险投资的目的是获取风投资本的高额回报。因此在将资金投入企业后，要对企业实施战略控制，严密监控其发展的状态，因为这关系到风险投资基金的安全性和收益性，一旦被投资企业快速成长、价值增值，风险公司实现了预期的收益目标时，就会选择以某种方式退出被投资企业。而天使投资人在投资创业企业的时候，主要目的并不在于盈利而在扶持，因此较少考虑回报率，也不一定会回收投资而退出被投资企业。天使投资人在将资金投入创业企业以后，会积极地扶持企业并提供相应的资源和帮助，但并不会非常强硬地去干涉企业的战略发展以及日常的经营。

（4）创业竞赛和孵化器：创业竞赛和孵化器提供创新项目的培育、融资机会和资源支持。创业者可以通过参加创业竞赛或入驻孵化器来获取非财务性和财务性支持。

（5）众筹平台：众筹平台允许创业者通过向大众募集资金来支持项目创业者，可以通过提供项目信息和回报约束来吸引支持者。

创业者在选择创业融资渠道时，应注意考虑以下几个因素，选择最适合自己的融资渠道来支持创业企业的发展。

（1）资金需求：创业者需要明确自己所需的资金量和用途，以确定适合的融资渠道。

（2）风险偏好：不同的融资渠道对应的风险和回报不同，创业者应评估自己的风险承受能力，并选择相应的渠道。

（3）利益匹配：创业者应根据自身需求，选择能够提供有价值的资源和支持的融资渠道。

（4）可行性和可及性：创业者应评估融资渠道的可行性和可及性，确保有实际的机会获得资金支持。

［实战演绎］

大学创业者张明有一个创新的想法——开发一款基于人工智能的在线教育软件。张明已经花费了大量的时间和精力去研究、开发和设计，现在他需要资金来购买软件开发的必需设备和聘请一些技术人才。这时，王虹作为一位天使投资人认识了张明。王虹在了解张明的项目后，对他所展示的商业计划和前景非常感兴趣。经过一系列的沟通和协商，王虹决定向张明提供50万元的天使投资。

在本次融资过程中，天使投资人王虹对创业者张明的投资具体体现在以下几点：

（1）资金支持：王虹的投资为张明提供了必要的资金支持，使他能够购买所需的设备和聘请必要的技术人才，推进项目的进展。

（2）创业经验和指导：作为一位经验丰富的企业家和投资者，王虹可以向张明提供宝贵的创业经验和指导，帮助他在创业的道路上少走弯路。

（3）扩大人脉和资源：王虹作为天使投资人，拥有广泛的人脉和资源，他可以介绍张明认识其他相关的投资者、合作伙伴等，帮助张明扩大社交网络和资源。

（4）提升信誉和形象：获得天使投资人的投资对于初创企业来说是一种认可和肯定，可以提升企业的信誉度和形象，有助于吸引更多的投资人和合作伙伴。

通过这个例子可以看出，天使投资对于初创企业来说是一种非常有价值的融资方式。它不仅提供了资金支持，还可以提供创业经验指导、扩大人脉和资源以及提升信誉和形象等。当然，在选择天使投资人时，创业者需要考虑对方的背景、经验和资源是否与自身的需求和项目相符合，以及对方的投资理念和合作方式是否与自身的期望相符合。

——大学生孵化园真实项目转化案例

[实战演绎]

Airbnb 的商业模式是利用自己的空闲住房，将其出租给需要旅行住宿的人，从而获得额外收入。最初，他们通过自筹资金和天使投资进行创业。然而，随着平台不断扩大，他们需要更多的资金来支持公司的增长和扩张。因此，他们开始与风险投资机构合作进行融资。

2010 年，Airbnb 完成了最早一轮的风险投资，由 Sequoia Capital 领投，投资金额为 200 万美元。紧接着，他们又于 2011 年完成了 B 轮融资，由 Andreessen Horowitz 领投，投资金额为 1.12 亿美元。通过与顶级风险投资机构合作，Airbnb 获得了大量的资金支持，这些资金用于产品开发、市场推广和全球扩张。Airbnb 在获得风险投资后取得了巨大的成功，并成为世界上最大的短租房平台之一。

这个案例展示了创业者通过与风投机构合作，获得大额资金来支持公司增长和扩张的经典实例。风险投资为创业者提供了关键的资金支持和战略指导，帮助他们实现创业梦想。

行动派：课后任务清单

行动 5-1　研究样本基于商业模式的要素资源分析——关联知识 5-2，5-4，5-3

针对团队的研究样本，完成该项目基于商业模式要素的资源分析，综合分析该项目的资源管理策略，并分析对团队项目的启发和借鉴的要点。

1. 研究样本的名称：

2. 研究样本的主要介绍：

3. 基于商业模式进行研究样本要素资源分析：

商业模式要素	商业模式要素的具体达成目标	研究样本的优势	研究样本的劣势
客户细分	发现客户需求，找到天使客户		
客户关系	建立并维护良好的客户关系		
渠道通路	建立有效的客户渠道		
价值主张	提供有效且具有竞争力的产品和服务		
关键业务	完成我们的关键业务		

续表

重要伙伴	建立良好的上下游合作伙伴网络		
收入来源	扩大我们的收入来源		
成本结构	合理控制我们的成本支出		
4. 研究样本的融资历程简述：			
5. 对我们的团队项目的启发：			

行动 5-2　研究样本核心竞争力分析——关联知识 5-2

针对团队的研究样本，利用 VRIO 模型，分析团队目前拥有的资源和能力，研究他们的核心竞争力。

样本项目的价值：____________________

样本项目的稀缺性：____________________

样本项目的不可复制性：____________________

从组织的角度看，样本项目的优势：____________________

因此，样本项目的核心竞争力：____________________

样本项目未来的资源方向：____________________

对我们的团队项目的启发：____________________

行动 5-3　团队项目核心资源和融资计划分析——关联知识 5-2，5-6，5-7，5-3

在科学分析本组现实资源的基础上，优化商业模式各要素，增强创业项目的核心竞争力，并将优化后的成果和你的学习导师沟通，获取反馈意见，并进一步完善下表。

1. 团队项目基于商业模式的资源分析结论：

2. 团队项目的核心竞争力：

3. 团队项目启动资金的测算金额和依据：

4. 团队计划的融资计划：

5. 导师的反馈意见：

导师姓名		导师职称	
访谈时间		访谈方式	□线上　　□线下

6. 未来需要进一步完善的要点：

第六章

创业风险管理

- 第六章　创业风险管理
  - 任务
    - 6-1　识别项目风险的边界
    - 6-2　制订应对风险的策略
  - 知识
    - 6-1　创业风险认知
    - 6-2　基于商业模式的创业风险分析
    - 6-3　系统性风险与非系统性风险
    - 6-4　风险自留
    - 6-5　风险规避
    - 6-6　风险控制
    - 6-7　风险转移
    - 6-8　创业风险组合管理
  - 行动
    - 6-1　研究样本风险调研报告
    - 6-2　团队项目抗风险能力分析

任务调度：创业稳布局

任务 6-1　识别项目风险的边界 ——关联知识 6-1，6-2，6-3，3-4

1. 请针对团队确定的创业项目，从风险的角度进行分析，每个学生先独立进行分析，尽可能多地罗列出你对这个项目的风险考虑，并完成下列个人分析项目风险识别单。请注意，需要个人独立完成此单，罗列的风险越多越好。

个人分析项目识别单

<table>
<tr><td colspan="3">我分析的项目：________________________________</td></tr>
<tr><td colspan="3">目前这个项目处于____________阶段</td></tr>
<tr><td>遇到什么问题？</td><td>导致什么风险？</td><td>产生什么影响？</td></tr>
</table>

续表

举例：项目资金不够	项目资金链断裂	项目停滞 / 终止，人员离职

2. 请在小组团队内分享个人风险识别单，交流你们对这个项目的风险看法，并进行归纳总结。然后按照风险的严重程度，列出这个项目的十大风险，进行分享和说明，最后完成下列风险识别单。请注意，组内进行充分地分享和说明，如果你认为你的看法很重要，请坚持并尝试说服你的团队成员。

团队分析项目识别单

我们团队分析的项目：______________________		
目前这个项目处于____________阶段		
遇到什么问题？	导致什么风险？	产生什么影响？
（1）		

续表

（2）		
（3）		
（4）		
（5）		
（6）		
（7）		
（8）		
（9）		
（10）		

3. 请项目小组从商业模式要素入手，对本小组项目商业模式的每个要素进行风险分析，充分分析其中存在的不确定性，也就是可能的风险，然后完成基于商业模式的项目风险识别单。请注意，在风险分析过程中，关注重要性原则的应用。通过评估风险的概率和影响，创业团队可以确定哪些风险需要优先考虑。

基于商业模式的项目风险识别单

我们团队分析的项目：________			
步骤一：发现商业模式要素中存在的不确定性			
商业模式要素	项目的商业模式要素的具体表现	该要素是否存在不确定性	若存在不确定性，请尝试具体描述
客户细分			
客户关系			
渠道通路			

续表

价值主张			
关键业务			
核心资源			
重要伙伴			
收入来源			
成本结构			

步骤二：将具有不确定性的商业模式要素按风险高低进行排序

排序（按风险高低）	商业模式要素	前三个风险的排序理由：	前三个风险计划的解决方式：	若前三个风险不能有效解决，我们计划：
(1)				
(2)				
(3)				
(4)				
(5)				
(6)				
(7)				
(8)				
(9)				

步骤三：分析团队项目的系统性风险和非系统性风险有哪些

系统性风险	
非系统性风险	

任务 6-2　制订应对风险的策略——关联知识 6-8，6-4，6-5，6-5，6-6，6-7

1. 请项目小组对任务 6-1“基于商业模式的项目风险分析单”创业风险进行分析，识别其中的关键假设，设计验证方案，得出验证结论，完成下列的关键假设画布，并确定项目需要规避的风险点。

关键假设画布			
分类	关键假设	验证方法	验证结论
风险最高的前三个			
其他关键假设			
需要规避的风险			

2. 请项目小组将本组项目的风险填入下列项目风险应对预案矩阵，并形成一个简洁的风险应对预案，这将有利于理性面对项目启动的各类风险挑战，更好地建立项目信心。

风险损失	高频率	低频率
高程度		
低程度		

针对项目损失高程度、高频率的风险，我们拟采取的风险应对策略：

____

针对项目损失高程度、低频率的风险，我们拟采取的风险应对策略：

____

针对项目损失低程度、高频率的风险，我们拟采取的风险应对策略：

____

针对项目损失低程度、低频率的风险，我们拟采取的风险应对策略：

____

知识星系：创业风险管理

知识 6-1　创业风险认知——关联知识 6-2，6-3

创业是从无到有，在 0～1，1～100，100～n 这个复杂的过程中，不断地试错，也不断地学习和改进。从主观的判断到客观判断，从未知到已知，在这里面充满着反思、纠错、创新、创造价值的过程。1% 的创业者是从 99% 的失败者身上跨过去的。2017 年创业大学生数量超过 20 万人，达到历年新高，但是他们的创业成功率仅在 3% 左右。所以研究者认为，创业是不拘泥于当前资源条件的约束对机会的追逐，将不同的资源组合以利用和开发并创造价值的过程，而其中蕴含的不确定性，就是创业风险。

要避免创业风险，首先必须了解风险来自哪里。一般来说，创业风险主要来自以下几个维度：

（1）市场维度：市场风险是创业者最需要仔细考虑的风险。在市场上推出新产品或服务存在很多不确定性，如市场竞争、市场需求变化等。创业者需要进行充分地市场研究，了解市场需要和潜在的消费者需求，以避免失败。

（2）技术维度：创业过程中，技术风险可能成为一大难题。新技术的研发需要花费大量的时间和金钱，而技术的领先地位也会受到新技术和竞争对手的挑战。因此，创业者需要投资技术研发，不断地升级和创新，通过技术优势来保持竞争力。

（3）财务维度：财务风险是指创业者在创业过程中面临的资金和现金流问题。创业初期，往往需要大量开支。同时，资金来源也是一个值得考虑的问题，如何融资，如何管理现金流，都需要认真考虑和规划。

（4）经营维度：创业者需要经营好自己的业务和公司，需要处理很多信息，管理很多人员，让公司保持稳健的运行状态；要应对日常经营中的各种问题和挑战，如人员管理、风险控制等。

（5）法律维度：在创业过程中，创业者需要了解和遵守相关法律法规，以避免自己和公司面临法律问题，如公司注册、税务、雇佣劳工等。

（6）决策维度：不同的决策方案有不同的机会成本以及不同的机会风险。

（7）人事维度：不仅表现在使企业组织不能正常运行上，还表现在当员工不能为创业企业所用时，需招聘新员工。

（8）扩张维度：诸如企业规模扩张、经营领域扩张、项目扩张等方面，倘若盲目扩张，不能与企业能力、市场需求合拍，是极其危险的。

（9）政策维度：包括国家及地方性法律法规、产业政策，临时性、突发性出台的政策法规等。

［案例简析］

张明开办了一家初创公司，其业务定位在电子商务领域，主要经营高端时尚产品。公司在创立初期，由于创始人张明在行业中有一定的资源，因此顺利地获得了一些投资。在产品开发和营销策略上，公司也进行了一些创新，例如通过社交媒体进行推广，利用大数据进行精准营销等。

然而，在公司的运营过程中，出现了一些问题。首先，由于公司扩张过快，导致供应链管理混乱，产品供应不稳定。其次，由于市场竞争激烈，公司未能有效地应对竞争对手的挑战，导致市场份额逐渐下降。此外，公司的财务管理也存在一些问题，例如资金使用不规范、预算不严谨等，这些问题最终导致了公司的资金链断裂。

在面对这些问题时，公司尝试了一些应急措施，例如重新调整供应链、加强市场营销等，但这些措施并未有效地解决问题。最终，公司不得不宣布破产。

从这个案例中可以看出，创业过程中会面临很多风险和挑战。对于创业者来说，需要充分评估和应对这些风险，例如制定有效的供应链管理策略、建立严谨的财务管理体系、应对市场竞争等。只有这样，才能有效地降低创业风险，提高项目的成功概率。

——大学生孵化园真实项目转化案例

知识 6-2　基于商业模式的创业风险分析——关联知识 6-1，3-4

基于商业模式的创业风险分析是指对创业项目的商业模式进行全面分析和评估，以确定其中可能出现的风险和挑战，并制定相应的应对策略。这种分析方法可以帮助创业者更好地了解和应对商业模式中的各种风险，提高项目的成功概率并减少风险带来的损失。

基于商业模式的创业风险分析主要包括以下几个方面：

（1）客户细分风险：指商业模式中选择的客户群体是否具有吸引力和可持续

性，以及如何有效地吸引和保留客户。在商业模式中，对客户进行细分是非常重要的，因为不同的客户群体有不同的需求和偏好，企业需要针对不同的客户群体提供不同的产品或服务。

我们以电商行业为例，一电商平台主要定位于高端用户群体，如果该平台将所有用户都归为高客单价、高黏性度的高端用户，而实际上有些用户的需求和偏好与高端用户不同，那么该平台就无法提供满足这些特定用户需求的产品或服务，从而无法赢得这些用户的信任和忠诚度。因此，对市场进行深入调研并科学地划分客户群体是非常重要的。

（2）客户关系风险：指商业模式中建立的客户关系是否稳定和忠诚，以及如何提高客户满意度和忠诚度。在商业模式中，建立良好的客户关系是非常重要的，因为这可以帮助企业更好地了解客户的需求和偏好，提高客户满意度和忠诚度，从而促进企业的销售和增长。

初创餐饮企业为了提高客户满意度和忠诚度，通常会重视建立完善的客户关系管理体系。初创餐饮企业不仅需要提供优质的食物和服务，还会通过会员制度、积分兑换等方式建立与客户之间的互动和沟通渠道。与此同时，通过回馈社会等方式能够树立良好的品牌形象。这些措施的实施可以在很大程度上提高企业的客户满意度和忠诚度，从而促进企业产品的销售和增长。

（3）渠道通路风险：是指企业在与合作伙伴合作的过程中，由于合作伙伴的失误或不当行为给企业带来的风险。在商业模式中，渠道通路是企业将产品或服务传递给最终消费者的途径和方式。渠道通路选择不当或不稳定，就会出现销售受阻、客户流失、收入减少等问题，从而给企业带来损失。

奔腾加湿器原本是一家成功的空气加湿器制造商，其产品在市场上拥有一定的知名度和美誉度。然而，在面对市场竞争加剧和渠道变化时，奔腾加湿器没有及时调整自身的渠道策略，仍然依赖传统的销售渠道。同时，由于市场变化和消费者需求的变化，奔腾加湿器的产品也面临升级换代的需求。然而，由于缺乏有效的渠道策略和合作伙伴支持，奔腾加湿器没有及时推出适应市场需求的新产品。最终，奔腾加湿器在市场竞争中逐渐落后，渠道策略的失误成为其竞争失败的重要原因之一。这个例子说明，企业需要密切关注市场变化和渠道变化，及时调整自身的渠道策略和产品策略，以适应市场的变化和避免渠道通路风险。

（4）价值主张风险：指商业模式中提供的价值主张是否符合市场需求、是否具有竞争力和可持续性。企业的价值主张无法满足客户的真实需求，或者企业的价值主张无法在市场中获得竞争优势，则会给企业带来持续的经营风险。

博德斯书店曾经是美国第二大连锁书店，仅次于巴诺书店（Barnes & Noble）。

然而，博德斯书店在面对亚马逊等网上书店的竞争中，没有及时有效地调整自身的价值主张，以适应消费者需求的变化。具体来说，博德斯书店的价值主张是提供广泛的选择、专业的建议和良好的阅读体验。然而，在面对亚马逊等网上书店的冲击时，这种价值主张明显力不从心。消费者可以在网上书店获得更广泛的选择、更方便的购买体验以及更低的价格。博德斯书店在面对这种情况时，没有及时调整自身的价值主张，以适应消费者的需求变化。他们没有提供像网上书店那样的便利的购买体验和低价格，也没有提供独特的阅读体验，使消费者愿意到实体店购买。最终，博德斯书店于 2011 年宣布破产。这个例子说明，如果一个企业的价值主张不能适应市场的变化和消费者的需求，那么这个企业就可能面临失败的风险。

（5）关键业务风险：指商业模式中的关键业务模式是否存在可能对企业运营、财务状况或声誉产生重大影响的潜在风险。这些风险可能来自内部和外部环境，包括市场变化、供应链问题、法律和合规问题、技术变革等。

柯达公司曾经是全球最大的胶卷相机制造商之一，其核心业务是生产和销售胶卷相机。然而，随着数字技术的发展，消费者逐渐转向使用数码相机。柯达公司没有及时应对这一市场变化，没有及时开发出具有竞争力的数码相机产品，导致其核心业务逐渐萎缩，企业经营业绩下降。

（6）核心资源风险：是指企业关键且稀有的资源（如专利、供应商关系、版权等）遭受损失或无法发挥应有作用，进而影响企业正常运营和发展的风险，例如资源不足、资源不可用、资源浪费等。

特斯拉公司的核心竞争力在于其先进的电池技术和自动驾驶技术。然而，由于缺乏可靠的供应链管理，特斯拉在生产过程中经常面临电池供应不足的问题。这不仅影响了特斯拉的生产计划和交货时间，也限制了特斯拉的扩张和发展。因此特斯拉总裁埃隆·马斯克多次在公开场合呼吁美国各大能源供应企业，应尽全力提升电力供应量。伴随着电动汽车需求增加，他预估到 2045 年美国能源需求量将比现在高出三倍，因此无论是电动汽车产能还是能源供应量，到时候都将面临巨大的挑战。

（7）重要伙伴风险：指商业模式中合作的伙伴是否可靠和合作是否具有可持续性，以及如何建立和维护良好的合作关系。

IBM 在个人电脑业务方面与英特尔和微软建立了合作关系，然而随着个人电脑市场的竞争加剧，IBM 逐渐失去了曾有明显优势的市场地位。这使得 IBM 的重要伙伴关系面临巨大的风险，因为英特尔和微软可能会选择与其他合作伙伴合作，或者改变他们的产品策略，从而对 IBM 的业务产生负面影响。

（8）收入来源风险：指商业模式中获得的收入是否具有可持续性和稳定性，以及如何提高收入来源的质量和数量。

百视达曾经是美国最大的视频租赁店连锁公司，然而，随着互联网技术的快速发展和流媒体服务的普及，百视达的收入来源逐渐减少。由于过于依赖实体店租赁业务，百视达没有及时跟上市场变化拓展新的收入来源，最终导致破产。这个例子也说明，企业需要密切关注市场变化和消费者需求的变化，及时调整自身的业务模式和收入来源结构，以减少收入来源风险。

（9）成本结构风险：指由于成本结构不合理或成本失控而给企业带来损失的风险，例如固定成本过高、可变成本失控、成本结构失衡导致企业在市场中的竞争力下降等。

乐视网在快速发展时期，过于追求扩张和多元化，涉足过多的领域，如电视、手机、体育、金融等。这种快速扩张带来了巨大的资金压力和财务压力，导致其成本结构不合理，无法实现预期的利润。同时，乐视网在管理上也存在漏洞和缺陷，导致成本失控，最终陷入了财务困境。这个例子说明，企业在扩张和发展时，需要合理规划成本结构，加强财务管理和内部控制，以降低成本结构风险。

需要注意的是，在进行基于商业模式的创业风险分析时，除了商业模式要素风险外，还需要综合考虑多个因素，包括市场需求、竞争环境、技术趋势、政策法规等，以便对风险进行全面、客观、准确地评估。例如商业模式面临的竞争环境和竞争对手的挑战，商业模式中使用的技术是否可靠和先进，商业模式中遵守的法规是否符合相关法律法规的要求，如何应对法规变化和监管要求，等等。同时，还需要根据分析结果制定相应的应对策略，包括优化商业模式、建立良好的客户关系、提高产品质量和服务水平、加强品牌营销等，以降低风险并提高项目的成功率。

知识 6-3　系统性风险与非系统性风险——关联知识 6-1

在创业过程中，系统性风险和非系统性风险都存在。创业系统性风险包括宏观经济环境的变化、政策法规的影响、市场竞争的加剧、上下游市场的合作程度等。这些因素可能导致整个行业或市场的波动，从而对创业企业的经营产生影响。而非系统性风险则可能源于创业企业的内部管理、团队能力、产品或服务的质量等方面。例如，创业企业的管理团队能力不足可能导致企业无法有效应对市场变化，进而影响企业的生存和发展。

识别创业项目系统性风险，我们一般从以下几个问题入手：

（1）我们提供的产品和服务是否存在市场？

（2）市场多久才能接受我们提供的产品和服务？

（3）什么时候才能迎来市场的爆发？

（4）市场上的竞争情况怎么样？

（5）什么时候能够获得投资？

（6）是否能够找到配套且实用的技术？

（7）是否能够找到合适的员工或伙伴？

（8）上下游市场的合作方是否会影响到我们？

（9）政策法规的变化是否会影响到我们？

（10）我们的项目是否具有政府许可的要求或壁垒？

识别创业项目非系统性风险，我们一般从以下几个问题入手：

（1）我们的产品研发能否成功？

（2）相关合作方能否提供配套技术？

（3）产品研发能否按计划完成？

（4）产品研发资金能否得到保障？

（5）市场开发资金能否得到保障？

（6）创业团队成员能否齐心协力？

（7）能否留住团队关键人员？

（8）团队领袖的作用能否发挥？

知识 6-4　风险自留——关联知识 6-8

为了应对创业风险，每一位创业者都需要了解并把握创业风险的管理方法。创业风险管理是一种旨在预防、减少和控制创业活动所面临的风险的管理过程。创业本身带有很高的风险，如市场风险、财务风险、操作风险等。为了确保创业成功，创业者需要在创业过程的各个阶段进行创业风险管理。需要注意的是，创业风险管理并不是一项静态的任务，因为市场和企业经营环境会不断变化，而且新的风险随时会出现。因此，创业者需要不断进行风险管理和评估，并根据市场环境和经营业绩制定对应的应对策略。只有这样，才能够实现创业的成功和可持续性发展。应对创业风险，需要创业者具有良好的心理素质和科学的应对方法。

创业风险管理的第一步是进行风险识别和评估。创业者需要对市场、竞争、财务、法律等方面的风险进行全面评估，以确定哪些风险最为关键和可能对企业造成最大的影响。在完成风险识别的基础上，开展有针对性的应对措施。其中创业风险自留是一种常见的应对创业风险的方法。

创业风险自留是指企业自己非理性或理性地主动承担风险，即一个企业以其内部的资源来弥补损失。例如在线教育平台需要稳定的技术支持，包括网站开发、服务器维护等。这种技术风险，创业公司往往选择与专业的技术团队合作，以确保网站的稳定性和安全性，定期进行系统维护和更新，及时解决技术问题。这是一种典型的风险自留的应对方式。

知识 6-5　风险规避——关联知识 6-8

创业风险管理是指创业者基于最低成本的考虑，对创业风险进行识别、分析、防范、评价的管理过程。尽管创业风险在创业过程每一环节、每一时段客观存在，但是其内在的规律性，要求创业者能认识、管理、控制风险，保证企业持续健康成长，这就是创业风险管理的现实意义。

创业风险的管理流程一般包括风险识别、风险评估、风险管理方法选择、实施效果评价四个步骤。同时，每一个步骤要予以实时监控、反馈，以保证创业活动按既定计划不断推进。如图 6-1 所示。

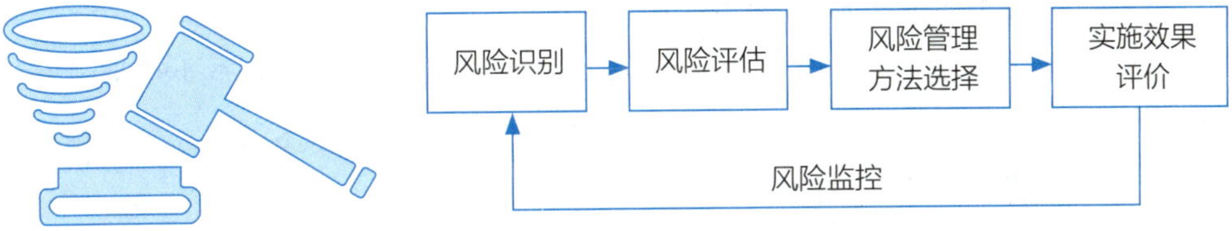

图 6-1　创业风险的管理流程

（1）风险识别。风险识别指在风险事件发生前，创业人在资料搜集、调查研究的基础上，运用方法对尚未发生的潜在风险进行系统归类和识别的过程。风险识别是创业风险管理的基础，通过查明导致创业风险不确定性因素及关联性、风险来源，预估创业风险的可能结果，为风险管理做好准备。常见的识别风险的方法有环境分析法、财务状况分析法、流程图法等。

（2）风险评估。风险评估是基于风险识别对可能发生的风险的预估、测量和效果预测等工作。创业者可以根据风险发生的相关性大小的概率予以分类，进行风险概率评估，测评风险事件可能带来的损失规模，通过比较管理风险支付的费用，决定是否采取风险控制措施，为创业者进行风险决策、最佳管理方法提供可靠依据。

（3）风险管理方法选择。选择最佳风险管理方法是实现风险管理目标的实质性内容。风险管理方法分为控制型和财物型两类。控制型方法通过改变引发风险事件发生的条件，降低风险发生的频率和减少风险事件造成的损失。财务型方法通过对难以避免的风险进行适当地专项资金分配等的财务安排，尽可能减少风险损失。

（4）实施效果评价。风险管理是持续的动态过程。新风险的出现、预期损失概率或损失幅度的变化，都需要对原定决策进行重新评价、调整。风险管理效果评价主要针对风险管理技术的实用性和收益性予以分析、评估和完善，旨在增强这一方法的可操作性和实效性。

［实战演绎］

假如在 2004 年，大学生张明观察到出租车市场乘客招手打车难、司机开空车寻客难的痛点，突然灵机一动，打算做一个网页版的打车软件，缓解城市交通问题。打车产品的创业方案有哪些关键假设呢？张明通过对项目业务的判断，并和团队伙伴进行讨论，得到以下四条项目关键假设：

（1）用户愿意在网上打车；

（2）司机愿意网上接单；

（3）目的地司机和乘客能够互相匹配，双方体验远远好于路边打车；

（4）网上打车费用双方都能接受。

识别出打车项目的四条关键假设之后，张明的创业团队着手开始验证假设。他们通过调研出租车市场、设计用户调查问卷、了解技术前沿、判断行业常识等方式得到了验证结论：

第一、二、四条关键假设成立。乘客和司机对出租车服务均有痛点，如果有一个方便的软件平台能够提前叫车，可以极大程度地解决乘客等车的时间成本，提高服务体验，司机也能够提高寻客效率，增加业务收入。

第三条关键假设不成立。2004 年智能手机不普及，没有移动网络和 GPS 定位技术，不能支持目的地司机和乘客的互相匹配，并且这条假设前提无法通过个人改变。张明团队在了解到这一点后便放弃了这个创业项目，规避了可预见的创业风险。

知识 6-6　风险控制——关联知识 6-8

创业风险控制是指创业者采取各种措施和方法，消灭或减少风险事件发生的各种可能性，或者减少风险事件发生时造成的损失。创业风险控制需要创业者具备敏锐的风险意识和科学的风险管理方法，创业者通过建立优势互补的团队、建立风险防范和控制机制、制定应对策略以及不断学习和改进等方法，有效地降低创业风险，提高企业的竞争力和可持续发展能力。以下是创业风险控制的常见办法：

（1）建立优势互补的创业团队：团队成员在能力和技术上的互补性可以降低团队组建模式风险，同时也有助于提高团队的效率和创新能力。在选择成员时，要考虑成员在理解能力、表达能力、执行能力、社会资源能力、思维创新能力等方面的差异性，避免因差异过大导致沟通和执行障碍。

（2）建立风险防范和控制机制：对于可能出现的风险，要预先建立一套风险防范和控制机制，比如制定应对策略、做好危机管理准备等，以降低实际损失的可能性。

（3）制定应对策略：对于已经发生的损失，要提出得当的策略和方案，尽量使损失的程度降到最低，例如通过保险、赔偿等方式来减轻损失。

（4）不断学习和改进：创业者应该不断关注创业过程中的风险和问题，不断学习和改进风险管理的方法和技巧，以更好地控制和管理创业风险。

［实战演绎］

Stitch Fix 是一个在线时尚购物公司，提供具有个性化的购物服务。Stitch Fix 创始人 Katrina Lake 了解到，针对时尚行业的创业公司很难生存下来，因为对库存的过度储备、样本制作和电子商务技术的复杂性等因素。为了控制风险并保持生存，Stitch Fix 采取了以下策略：

数据分析：Stitch Fix 凭借其数据分析队伍和算法来控制库存，并快速响应客户需求。Stitch Fix 利用大数据来分析款式趋势、尺码和销售数据，以便了解哪些商品卖得好，哪些商品不受欢迎。其算法还可以根据顾客的历史数据记录和喜好推荐商品，从而避免过度进购和库存积压。

预定生产：Stitch Fix 采用“按需生产”模式，只买已经预订的衣服，而不是大量进货。通过预定生产，Stitch Fix 降低了库存风险和过度进购的风险。

低成本运营：Stitch Fix 的低成本运营模式通过减少人力资源成本，提高了利润率。他们强调基于数据的自动化决策，这减少了中间环节，增加了利润。

Stitch Fix 的案例表明，数据分析、按需生产和低成本运营等控制风险的方法，对于创业公司在无法避免风险时，转移和缓解风险非常重要。

知识 6-7 风险转移——关联知识 6-8

创业风险转移是指将创业过程中可能面临的风险通过一定的方式转移到其他实体或个人，以降低自身承担的风险。以下是创业风险转移的几种方式：

（1）购买保险：购买保险是一种常见的风险转移方式。通过购买保险，创业者可以将创业过程中可能面临的风险转移到保险公司。如果创业过程中出现了问题，创业者可以通过保险理赔来获得一定的经济补偿，从而降低自身承担的风险。

（2）合同转移：创业者可以通过与合作伙伴或供应商签订合同，将一部分风险转移到他们身上。例如，如果创业者与合作伙伴共同承担风险，那么一旦创业失败，创业者可以分担一部分损失。

（3）分散投资：创业者可以通过将资金分散投资到不同的项目或领域，以降低单一项目的风险。即使某个项目失败了，其他的项目也可以为创业者提供一定的经济支持，从而降低整体的风险。

（4）引入风险投资：引入风险投资是一种常见的创业风险转移方式。通过引入风险投资，创业者可以将一部分股权出让给投资人，从而获得资金支持和技术支持等，同时可以将一部分风险转移到投资人身上。

总之，创业风险转移是一种降低自身承担风险的方式。通过购买保险、合同转移、分散投资和引入风险投资等方式，创业者可以将一部分风险转移到其他实体或个人身上，从而降低自身承担的风险。需要注意的是，这些方式都有一定的成本和局限性，创业者需要根据自身的情况选择合适的方式进行风险转移。

［实战演绎］

诺基亚公司在智能手机领域虽然遭受挫折，智能手机部门被微软收购，暂时退出手机市场，但公司仍然保持正常运营甚至实现了利润的持续正向增长。这得益于在竞争初期为了转移业务竞争风险，其所采取的一系列措施。转型业务领域：诺基亚积极拓展业务领域，不只专注于手机制造。他们在网络基础设施、数字健康、虚拟现实等领域进行了投资和收购，并将业务重点转移到了网络基础设施和技术方面。合作伙伴关系：诺基亚与其他公司建立合作伙伴关系，共同推动创新和市场发展。例如，他们与微软建立合作伙伴关系，推出基于 Windows Phone 的智能手机。技术专利转让：诺基亚将自己的技术专利转让给其他公司，从中获取收入，并将风险分担给其他公司。这一策略有助于诺基亚降低研发和市场推广的成本，同时保持了技术上的竞争优势。

通过以上转移业务风险的策略，诺基亚成功地在移动通信领域扩展业务，并在其他领域寻找新的增长机会。这个案例显示了转移创业风险的多种方式，并且为其他创业公司提供了有价值的经验。

知识 6–8　创业风险组合管理——关联知识 6–4，6–5，6–6，6–7

风险应对策略是创业者或创业企业需要针对风险评估的结果和具体的评估环境选择合适的风险应对方法，采用科学的风险应对策略。如对损失金额小的风险采取风险自留的方式，对那些出现概率大、损失金额高的风险采用风险转移的方式，等等。具体如表 6–1 所示。

表 6-1　风险应对策略

风险损失	高频率	低频率
高程度	风险规避 风险控制 风险转移	风险规避 风险控制
低程度	风险规避 风险控制	风险自留

对于创业系统性风险而言，创业者需要注重把握规律并加以科学预测。任何事物的发展规律都是客观的，不以人的主观意志为转移，创业者可以学习别人的经验，获得规律；学习各行各业的规律和社会常识，认真观察、理性思考，结合自身项目实际，找到最适合创业者的规律加以应用。对于创业非系统性风险而言，创业者需要针对不同类别的风险种类，有针对性地进行风险应对决策，完善决策机制，减少决策失误；另外，在制定风险应对策略过程中，创业者的心理素质有着举足轻重的关键作用，良好的心理素质是成功创业的基石。创业者在创业中应该具备独立性与合作性、敢为性与克制性、坚韧性与适应性等心理素质。创业在某种程度上来讲，是人格塑造的有效方式，也是一种修为。

行动派：课后任务清单

行动 6-1　研究样本风险调研报告——关联知识 6-2，6-3，6-8

针对团队的研究样本，基于商业模式进行项目风险分析，通过沟通了解他们是如何应对你们所分析的风险的，形成风险调研报告。

风险调研报告

1. 研究样本的名称：

续表

2. 基于商业模式进行研究样本要素风险分析：

商业模式要素	项目的商业模式要素的具体表现	该要素是否存在不确定性	若存在不确定性，请尝试具体描述
客户细分			
客户关系			
渠道通路			
价值主张			
关键业务			
核心资源			
重要伙伴			
收入来源			
成本结构			

3. 将具有不确定性的商业模式要素按风险高低进行排序：

续表

排序（按风险高低）	商业模式要素	我们的排序理由	该项目针对高风险要素的应对策略
（1）			
（2）			
（3）			
（4）			
（5）			
（6）			
（7）			
（8）			
（9）			

4. 研究样本的系统性风险和非系统性风险：

系统性风险	
非系统性风险	

行动 6-2 团队项目抗风险能力分析——关联知识 6-2，6-3，6-8

在科学分析本团队项目风险的基础上，优化商业模式各要素，增强项目执行中的抗风险能力，并将优化后的成果和你的学习导师沟通，获取反馈意见，并进一步完善。

1. 团队项目基于商业模式的风险分析结论：
2. 判断哪些风险属于系统性风险，哪些属于非系统性风险：
3. 团队项目预计应对风险的策略：
4. 导师的反馈意见：

导师姓名		导师职称	
访谈时间		访谈方式	□线上　□线下

5. 未来进一步完善的要点：

第七章
创业计划推进

- 第六章　创业风险管理
  - 任务
    - 7-1　项目呈现前的热身训练
    - 7-2　项目计划的正式完成
    - 7-3　项目路演的提前准备
    - 7-4　项目推进的下一阶段
  - 知识
    - 7-1　创业计划与使命塑造
    - 7-2　电梯演讲
    - 7-3　创业计划书的构成
    - 7-4　创业路演
    - 7-5　创业路演的设计
    - 7-6　新创企业的法律组织形式
    - 7-7　新创企业的命名和设立
    - 7-8　开办企业的行动计划
    - 7-9　新创企业的日常管理
    - 7-10　新创企业的持续增长
  - 行动
    - 7-1　样本全方面情况介绍
    - 7-2　创业项目的项目路演
    - 7-3　创业项目的创业计划书

任务调度：项目大呈现

任务 7-1　项目呈现前的热身训练——关联知识 7-1，7-2

1. 请针对创业项目，从内与外的两个角度进行思考：创业计划书对我们团队有哪些具体的价值？请结合项目实际情况展开。

创业计划书对创业团队内部的价值	
对团队成员的价值	
对招募员工的价值	
对开展业务的价值	
对了解市场的价值	
创业计划书对创业团队外部的价值	
对投资人的价值	
对合作伙伴的价值	
对政府机构的价值	
对客户的价值	

2. 在正式开始撰写创业计划书之前，你可以尝试先设计并完成创业项目的电梯演讲（elevator speech）。请针对创业项目，设计并完成创业项目的电梯演讲脚本，并录制一个 2 分钟的电梯演讲小视频。

电梯演讲视频脚本		
第一步：阐述机会和可能解决的问题	45 秒	
第二步：定义我的业务，阐述我的产品 / 服务	45 秒	
第三步：阐述我的资源和条件	15 秒	
第四步：阐述我的市场	15 秒	
合计	120 秒	

任务 7-2　项目计划的正式完成——关联知识 7-3，7-7，5-6，5-7，6-8

请针对创业项目，按照创业计划工作表单的内容结构和撰写逻辑，分模块完成项目计划书的主体大纲框架。

1. 请针对团队的创业项目，完成创业计划书的封面设计。

2. 请针对团队的创业项目，完成创业计划书执行摘要部分的内容。

(1)项目(企业)简介	
(2)产品与服务	
(3)行业与市场	
(4)营销计划	
(5)生产运营	
(6)公司管理	
(7)财务计划	
(8)竞争、风险及退出	

3. 请针对团队的创业项目，完成创业计划书介绍公司部分的内容。项目现阶段还没有开办公司的，可以介绍拟开办企业的计划设想。

4. 请根据本创业项目的商业模式，构建产品和服务的初代产品模型并接受天使客户的验证，完成产品与服务部分的分析。

（1）本创业项目解决的主要问题	
（2）我们的解决方案的应用场景	
（3）我们的解决方案包括的内容	

续表

（4）我们的解决方案的创新点	
（5）我们提供的产品/服务的核心功能	
（6）我们初代产品的天使客户是谁	
（7）我们初代产品的验证结果	
（8）我们的改进方向	
（9）我们今后的持续创新方向	
（10）我们今后的产品/服务系列	

5. 请在市场调研和资料收集分析的基础上，完成本创业项目行业与市场部分的分析。

（1）本创业项目领域中的国家政策要求	
（2）本创业项目的行业现状与发展趋势	
（3）本创业项目所涉及的技术现状和发展趋势	

续表

（4）本创业项目地区市场的现状分析	
（5）基于现状和趋势的市场需求	
（6）目前行业主要的竞争对手有哪些	
（7）他们满足这些需求的解决方案	
（8）我们开展市场调查的分析结果	
（9）我们主要客户群体的痛点	
（10）我们的解决方案的市场反馈	
（11）客户最希望方案改善的内容	
（12）我们的结论	

6. 请在市场调研和资料收集分析的基础上，完成本创业项目营销计划部分的分析。

目标客户分析	
顾客特征	目标客户情况分析
谁将成为我的顾客（一般性描述）	
年龄	
性别	
地点（他们住在哪里）	
工资收入水平（具体数字）	

续表

他们购买我们的产品或服务的频率			
他们愿意花多少钱购买我们的产品或服务			
他们通常一次购买多少			
未来的目标市场规模的变化趋势			
……			
分析竞争对手并作出优势分析			
	我们的产品或服务	竞争者甲的产品或服务	竞争者乙的产品或服务
价格合理性			
质量可靠性			
购买方便性			
顾客满意度			
品牌信誉度			
地理位置优越性			
售后服务			
生产设备			
我们的产品和服务很特别，主要特征包括哪几点			
我们的产品和竞争对手相比，主要优势体现在哪			

（1）市场营销计划介绍（P：product，制订产品计划）

	产品或服务A名称	产品或服务B名称	产品或服务C名称
特征1			
特征2			
特征3			
特征4			
特征5			

续表

（2）市场营销计划介绍（P：price，制订价格计划）			
	产品或服务A名称	产品或服务B名称	产品或服务C名称
竞争对手同类型产品的平均价格			
我们的产品成本价			
我们的产品零售价			
折扣			

（3）市场营销计划介绍（P:place，制订地点计划）	
企业将设立在哪个地方	
选择这个地方的原因	
目标用户	□最终消费者 □零售商 □批发商
选择这种销售方式的原因	

（4）市场营销计划介绍（P：promotion，制订促销计划）		
促销方式	具体内容	成本预测（元）
广告		
人员促销		
营业推广		
促销设定的综合效果：		成本合计：

7.请在市场调研和资料收集分析的基础上，完成本创业项目生产经营部分的分析。

（1）本企业如何选址？考虑了哪些因素	
（2）本企业的设施计划如何布置	
（3）本企业的技术研发和工艺流程如何	

续表

(4)本企业的产能有多大	
(5)本企业在生产经营领域还有哪些优势	

8. 请完成本创业项目公司管理部分的分析。

(1)项目的团队核心成员有哪些	
(2)核心成员有过哪些经历，具有哪些能力	
(3)核心成员如何进行职责分工	
(4)项目部门职责和重要岗位介绍	
(5)项目的外部成员有哪些	
(6)外部成员给我们提供哪些支持和工作	
(7)画出公司架构并做简单介绍	
(8)如果有股东，请列出公司的股权结构和相应的股权激励政策	

9. 请结合之前关于项目融资的学习内容，完成本创业项目公司财务计划部分的分析。

(1)本创业项目的主要收入来源	
(2)本创业项目的产品 / 收入单价	

续表

（3）本创业项目主营业务的收入	
（4）本创业项目的其他收入来源	
（5）本创业项目的主要支出	
（6）本创业项目的其他支出	
（7）本创业项目如何实现盈亏平衡	
（8）本创业项目的融资缺口	
（9）本创业项目计划的融资渠道	

10. 请结合之前关于风险管理的学习内容，完成本创业项目风险控制与资本退出。

项目目前主要的风险点	
项目采取的风险应对措施	
项目是否有资本退出计划？若有，请展开介绍	

11. 请针对团队的创业项目，完成创业计划书的附录部分的材料清单。

本项目创业计划书的附录部分，预计包括以下材料：

____

____

任务 7-3　项目路演的提前准备——关联知识 7-4，7-5

1. 请先独立思考，你们的创业项目应该如何说服客户和投资人并付诸行动？你们潜在的客户和投资人最关心什么？将你的想法用一段话写下来，并和团队成员分享。

我们的客户和投资人最关心什么？
我们计划如何说服客户？

2. 请小组同学根据本小组的创业项目，针对不同的场景模拟完成创业路演准备单。这是完成创业项目正式路演的必要练习和热身准备，请结合创业项目的实际情况进行分析。

场景 1：如果我们计划用邮件的形式发送项目演示 PPT，应把握的要点是什么	（1）请用换位思考的方式，思考投资人最想看到的是什么	
	（2）投资人最想先看到什么	
	（3）投资人最想了解什么	
场景 2：如果我们计划拍摄 1 分钟的项目介绍视频，应把握的要点是什么	（1）视频的主要内容是什么	
	（2）视频的风格是什么样的	
	（3）视频中是否应该有旁白或话术？具体的内容设计是什么	

续表

场景3：如果我们有机会用5分钟的时间在线下和投资人路演创业项目，应把握的要点是什么	（1）请用换位思考的方式，思考投资人最想看到的是什么	
	（2）投资人最想先看到什么	
	（3）投资人最想了解什么	
	（4）投资人可能会问什么问题	

任务7-4　项目推进的下一阶段——关联知识7-6，7-7，7-8

1. 请小组同学针对本小组的创业项目，完成企业法律组织形式工作单。

企业法律形式工作单

（1）我们的创业项目的企业法律组织形式是什么？（请在相应的组织形式前□打钩√） □有限责任公司　□股份有限公司　□个体工商户　□合伙企业 □其他（请说明）________________
（2）选择这种法律组织形态的原因是什么？
（3）我们的创业项目的企业负责人/合伙人/股东的有关信息如下：

姓名	技能说明

2. 请通过网络了解一个企业从注册到正式经营的全部流程，完成企业设立流程单，并分享你们了解的企业注册的流程。

企业设立流程单

步骤	步骤内容	需要准备的材料清单
第一步		
第二步		
第三步		
第四步		
第五步		
第六步		
第七步		
……		

在各级政府“放管服”的背景下，请到附近的政务服务中心或公共事务办事大厅了解如何简化注册流程，当地政府提供了哪些服务，是否有线上申请的形式，等等。我们已经确立了新创企业的组织形式，请针对创业项目选择的组织形式进行调查。

当地政务服务中心的地理位置在哪里	
这里提供的服务有哪些	
这里拿到营业执照和相关许可最短周期是多久	
我们需要完成哪些准备工作	
当地政府对推动创业、对微小企业的服务内容包括哪些	
其他补充信息	

各地方配合政府推动“大众创业万众创新”，包括大学高校在内，成立了很多众创空间和孵化器，请小组成员分别走访所在地附近的众创空间和孵化器，看看如果你们入驻，能够得到什么服务，对你们的启发是什么。

孵化器的名字	
孵化器的地址	
他们提供的硬件服务有哪些	
他们提供的软件服务有哪些	
他们的入驻条件是什么	
已经入驻团队对这里的评价	
他们能为我们创业项目提供哪些资源	
他们有没有收费项目？如果有，请列出	
他们是否适合本组创业项目入驻？为什么	

3. 请项目团队共同制订一份行动计划，要正式创办一家新创企业，要做的事情有很多，所以尽量不要浪费时间。制订的计划务必严谨，以免遗漏事项。

事项：完成什么行动	执行：由谁执行	时限：什么时间完成	评估：是否完成？为什么没有完成？如何改进
……			

知识星系：创业计划推进

知识 7-1　创业计划与使命塑造——关联知识 7-3

到现在为止，我们应该已经认识到创业不是一件容易的事情。无论是发现创业机会、设计项目商业模式、组建创业团队，还是梳理创业资源、强化项目核心竞争力、识别并规避创业风险，都涉及方方面面的因素。只有科学有效地厘清这些要素之间的关系，制订富有逻辑性和落地性的创业计划，才能推进项目落地，推动项目朝着正确的方向发展并实现经济收益。

一份完整的创业计划书可以帮助创业者更好地整理自己的商业思路，明确企业的目标、定位、竞争对手、核心竞争力等方面的内容。对外而言，创业计划书需要对市场、行业、竞争对手等进行细致地调研和分析，创业者可以更好地了解行业内外的市场环境和竞争情况，从而拓宽视野。对内而言，通过制订相应的创业计划，创业者可以全面了解自己的企业，包括目标客户、市场范畴形成定价策略、竞争性的环境等，从而更好地规划企业发展。并且创业计划书不仅需要阐述商业模式，还需要进行财务预测、盈利分析等。这可以帮助创业者优化商业模式，减少可能出现的风险，使收益最大化。此外，作为争取项目融资投资的敲门砖，创业计划书是投资人投资或向银行申请贷款的重要依据，展示企业的潜力和可行性，提高融资成功的可能性。

因此我们对创业计划书的价值概括如下：它是一块敲门砖，搭建起与投资者的桥梁；它是一个载体，帮助创业者梳理发展的思路；它是一个蓝本，为创业项目的发展提供明确的目标和思路，有助于在发展过程中不断地调整创业项目。

知识 7-2　电梯演讲——关联知识 7-3

在正式开始撰写创业计划书之前，我们可以尝试先设计并完成创业项目的电梯演讲（elevator speech）。这种电梯演讲是简短而又经过精心设计的陈述，它通常只花一两分钟的时间来提纲挈领地阐述出项目的价值，包括简明扼要地阐述项目计划、产品或服务、团队资质和市场状况，提出一个难以拒绝的理由才能使“同乘电梯的投资人”对我们的项目产生兴趣，这样的热身练习有助于新创企业形成关于创业的简明描述。

知识 7-3 创业计划书的构成——关联知识 5-6，5-7，6-8，7-1，7-2

一份完整的创业计划书，可以展现创业项目和创业团队对项目运作的思考与设计，是项目价值与团队实力的展现。创业计划书的核心在于将创业项目阐释清楚，展现出创业者对项目全貌和重点的把握。创业计划书的内容结构是有要求的，按照这个内容结构可以将创业项目基本阐述清楚，也能体现创业团队对项目的设计与思考。

（1）封面。

创业计划书的封面是计划书的投资者首先看到的内容，一般包含项目的名称和LOGO、项目团队（项目企业）、日期、联系方式等内容。其中项目的名称和标志是封面的核心元素，也是展示公司形象的关键。有些情况下还会有保密声明，如“本计划书内容保密，未经许可不得擅自泄露”等字样，以保护创业计划书的机密性。

（2）执行摘要。

执行摘要，又称为项目摘要，是创业计划书正文的第一项内容，是整个创业计划的概述，能让忙碌的投资者迅速对新创企业有个全面的了解。如果执行摘要不能引起投资者的兴趣，投资者不太可能继续阅读创业计划书。执行摘要通常 2～3 页纸，各部分应与计划书正文保持一致，用词简洁明快。撰写执行摘要最重要的一点是：它不应是创业计划书的前言或引言，而应是整个创业计划书的概括，因此我们通常会在完成创业计划书主干内容后，撰写项目执行摘要。执行摘要包括的主要内容如表 7-1 所示。

表 7-1 执行摘要的主要内容

项目（企业）简介	公司名称、注册商标、企业文化、宗旨、LOGO 等
产品与服务	产品 / 服务的详细解释，包括描述产品 / 服务的独特之处及其市场定位
行业与市场	行业分析及市场介绍，包含特定的目标市场和目标客户，选择的原因和市场容量，不必具体说明每个客户的具体需求
营销计划	介绍本项目特有的营销模式和方案
生产运营	目前公司拥有的生产设备、固定资产、专利技术等生产支持内容
公司管理	公司治理结构、管理团队核心人员介绍，突出在管理上的优势
财务计划	重要的财务数据、企业融资计划等
风险控制与资本退出	竞争策略、风险控制方案及风投退出方式

（3）公司的基本情况介绍。

公司的基本情况介绍是为了让投资者对融资的创业企业有一个初步了解。本部分需要介绍公司的基本情况，给投资人尽可能多得介绍关于公司及其所属行业的基本信息，包括公司概述、公司名称、地址、联系方式、公司类别、公司架构、公司已有的投资者和合伙人、公司业务情况和发展历史、公司未来规划等。此外，作为新创企业，还需要介绍创办新企业的思路、新思想的形成过程以及创业者的背景、经历、经验和特长等。

（4）产品与服务。

在对项目计划书进行评估时，投资者首先会了解该项目（公司）能提供怎样的产品和服务，这些产品和服务在多大程度上解决了消费者现实生活中的“痛点”问题，能否带来经济效益和具体效用。产品与服务说明就是基于客户需求和市场趋势，清楚介绍项目的核心内容，是对产品原型的详细说明。在商业模式中，产品与服务对应着创业项目商业模式中的价值主张模块。一般来说，这部分的介绍最好要附上产品与服务的原型、照片或其他说明。

为了更好地完成产品与服务模块，需要先完成对项目解决的主要问题、解决方案的应用场景、解决方案的具体内容、方案创新点、产品和服务的核心功能、初代产品的天使客户、初代产品的验证结果、未来改进方向等问题的分析和解答。其中天使客户指的是一个产品最早使用者中最认同产品，并希望更多人认同这个产品的人。天使客户对项目初代产品的验证反馈，能够促使我们的产品与服务不断迭代升级。

（5）行业与市场。

行业与市场分析的是创业公司生存的外部环境研究，这部分是商业计划执行的现状和环境分析。如果创业者不完成这部分内容，整个创业计划只能是无根之木，没有现实的基础。这部分主要包含行业规模和增长速度分析与预测、行业特征与行业趋势、行业与市场外部环境分析、行业与环境内部竞争状况、市场细分与目标市场的选择、企业竞争优劣势分析等。值得注意的是，这部分撰写得越详细越好，既要有宏观的政策分析，又要有微观的市场调查，强调用数据说话，用事实说话。

（6）营销计划。

营销计划是公司产品和客户接轨的桥梁。这部分直接传达了商业意图的本质和公司取得成功的路径。创业计划书中的市场营销计划包括分析顾客、分析竞争对手、制订市场营销计划等内容，此外，制订营销方案和进行市场调研也是必不可少的内容。我们通常会采用 4P 策略工具制订市场营销计划，即制订产品计划（product）、制订价格计划（price）、制订地点计划（place）和制订促销计划（promotion）。

（7）生产经营。

公司如何组织生产和提供服务是创业计划书的必备内容，也是风险投资人特别关注的一个问题。对于新创企业而言，企业刚刚起步，生产经营复杂性往往较低，这部分可以侧重介绍技术研发、技术雇员、位置优势、信息优势等内容。

（8）公司管理。

公司管理的好坏是投资人决定是否投资的重要考虑因素，它往往直接决定了公司经营风险的大小，因此在商业计划书中，需要对公司管理团队加以阐明，不但介绍团队成员的能力、经历和背景，而且要说明他们的主要职责和岗位分工。此外，公司架构、部门设置、股东名单、股利分配、报酬体系等内容，均包含在项目计划书的公司管理部分。

（9）财务计划。

创业计划书中的财务计划需要反映该创业企业对资金的利用、收益情况、财务成果、预期的财务业绩等信息内容。除此之外，本创业企业的融资计划也应包括在这个部分内容中。因此对于各位创业者而言，要清楚钱花在哪里，从哪里挣钱；支出如何做到合理，收入如何持续增加，也就是如何开源节流，并在此基础上确定目前企业的融资缺口有多大。

（10）风险控制与资本退出。

每一位投资人都很关心项目的投资风险和收益，他们会尽可能地搞清楚创业企业可能会面对的风险种类和程度，以及防范风险的措施。在上一章节中，我们已经知道了风险投资人和天使投资人的区别，风险投资者都希望最终能通过资本退出的方式获得高额回报。因此这部分内容主要呈现项目的创业风险以及风险管理的措施，如果企业有长期上市计划，还需要有以公司上市为目标的运营计划。

（11）附录。

附录是对创业计划书正文内容的相关补充材料，其内容根据项目的具体情况不同也会有所差异。附录中通常为可以增加可信度的文件材料，包括但不限于公司合同、专利证书、财务报表、技术信息、公司平面布局、产品详情等内容。

知识 7-4　创业路演——关联知识 7-5，7-6

创业路演（road show），原指一切在马路上进行的演示活动，现在通常指创业者或初创企业通过向潜在投资者、风险投资机构、天使投资人等展示自己的创业计划和创新产品或服务，以争取获得投资、融资或其他支持的过程。在创业路演中，创业者会利用演讲、展示、问答等方式，向投资者介绍自己的商业模式、市场前景、竞争优势等信息，以吸引投资者的关注和支持。创业路演分为线上路演和线下路

演，线上路演一般通过视频等在互联网上讲解，线下路演主要通过活动专场与投资人进行面对面的演讲及交流。

在大众创业、万众创新的新时代，路演无处不在。乔布斯通过路演让苹果公司成为世界上最具价值的科技公司，马云通过路演融资了 200 多亿美元，罗振宇通过每天 60 秒的路演，让逻辑思维在 2015 年完成了 B 轮融资，估值为 13.2 亿人民币。创业离不开资本和顾客的支持，在项目团队梳理商业模式、完成创业计划后，创业者需要向投资者和消费终端介绍创业计划，以期获得资本支持和顾客支持。创业路演是一个重要的机会，既可以帮助创业者筹集资金和资源，又可以促进与投资者建立合作关系，推动初创企业的发展和成长。

那么创业者怎样才能做一场非同凡响的路演，一演成名？如何讲好一个创业故事，赢得顾客和投资者的关注？怎样通过 PPT 的可视化演示，激发顾客的消费欲望和投资热情？最重要的是创业者要以一颗善于换位思考的心开始进行创业路演准备。

（1）明确创业计划的展示对象。

投资人是创业路演主要的观众，创业者进行创业路演最终目的就是获得投资人的橄榄枝，因此创业路演要注意选择演讲风格与表演形式，投其所好，对投资人的个人性格、风险偏好、风格喜好以及行业偏好等做好调查。

（2）向投资者陈述创业计划的技巧。

①演讲要有新意。创业路演与直接给投资人发送创业书电子版不同，是一种直接或间接面对面的交流与沟通，讲述方式也成为评判创业项目的标准之一。因此好的演讲方式可以成功吸引投资人，如果演讲人讲话结结巴巴，即使有再好的创业计划书，创业者的业务能力以及社交能力也会被投资人怀疑，进而影响投资项目的发展。同时大部分创业者都会为了创业路演而精心准备，每个人的创业路演可能会存在雷同，因此演讲要有新意，才能吸引眼球。例如演讲开始要切入要点，如果创业者能在最初的一分钟内抓住投资人的注意力，那创业者的路演已经成功了一半。

②内容要简单有记忆点。如果创业者路演的内容缺乏逻辑，又长篇大论，大部分听众表现出不耐烦情绪或低头看手机，那创业者的路演必然败北。如何让大部分人听完创业者的演讲，明白创业者想表达的意思以及能够复述创业者的内容，是创业者需要重点思考的问题。路演的内容需要逻辑清晰、语言精简，并且重点内容突出，这样投资人在听了无数场路演之后才能眼前一亮。创业者可以在路演前向其他人展示，让其他人复述演讲内容，反复操作来精简演讲内容。

③财务数据要可靠，路演切忌夸大企业盈利能力。有些创业者为了吸引投资者，虚报营业收入和营业利润，远远超过正常市场平均水平，投资人往往经验丰富，能立刻识别虚假数据。因此创业者对路演内容涉及数据的，要反复确认无误。

④团队介绍不需要过长，最好每人不超过 1 分钟，因为团队投资人更关心创业项目。

知识 7-5　创业路演的设计——关联知识 7-4

整个创业路演的过程不仅是创业者上台陈述几分钟那么简单，它还包含一系列的准备和演练过程。想要准备一次效果良好的创业路演，至少需要完成以下准备：

第一项是材料准备，包括创业计划书、路演 PPT、项目介绍视频、路演文字稿等。很显然，我们不可能在有限的路演时间内传递项目所有的信息，所以必须把重点放在投资人认为最重要的部分。通常来讲，PPT 作为路演过程中最重要的材料，需要包括封面、项目概述、针对的问题、问题解决办法、目标市场和机会、核心技术、市场竞争、营销策略、项目团队、财务规划、已取得的重大进展、融资诉求（若参加创业竞赛往往不需要此部分）、路演总结等内容。此外，我们要建立自己项目的问答数据库，就是要挖掘评委到底会问什么问题，我们该怎么样回答，提前进行梳理。

创业者在准备项目路演 PPT 时，页面排版可以考虑遵循 WPS 原则，即一页 PPT 中应该包含三个部分的内容——W（标题），P（观念或者结论性的内容），S（支撑或展开新内容）。任何复杂或者是不复杂的内容，只要能够把它分类成 W，P，S 三个部分，那么页面就可以变得清晰简单，如图 7-1 所示。

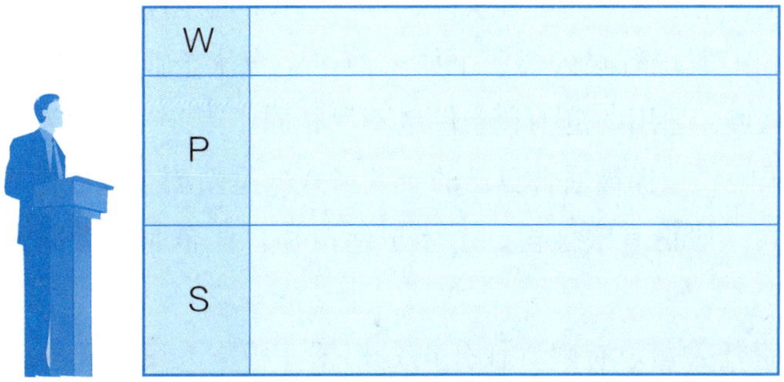

图 7-1　项目路演 PPT

WPS 法则应注意的是：第一，W，P，S 位置区分的版面 W 可以是一条线，P 可以是一个筐，S 就是空白处了。第二，撰写演说讲稿时按照 W，P，S 的结构来进行撰写，符合常说的金字塔结构。第三，P 的部分可以加大加粗以凸显结论，明确主旨。

第二项是产品准备。在项目路演的时候，我们要向观众和评委展示什么样的产品和成果，事先要预备好。此外我们的产品该如何摆放，摆在什么地方，起到什么样的效果，都要提前进行设计。

第三项是训练准备。首先，开场的故事要动人，表达要流畅，抑扬顿挫。同时要严格控制好路演的时间，按照我们的文字稿控制语速。此外，我们要提前调节好我们的心理状态。

第四项是形象得体。演讲时着装要得体，必要时需要化淡妆，团队成员尽可能统一服装。一般情况下应该身着正装而不应随意着装，但如果项目有浓厚的区域或民族特色，团队身着统一的特色服饰往往能够给观众留下深刻的印象。

第五项是做好流程管理。在正式路演前，项目团队需要提前现场勘察，在什么地方？几点钟？几层楼？在哪一个房间？去比赛现场的交通路线是什么？现场设备、硬件和软件是否与我们做的材料匹配？能不能顺利播放？PPT 的动画效果的演示效果如何？

在完成项目路演后，最后一个环节是如何应对评委或者听众的提问。在这个环节，我们要认真倾听并理解问题后面的真正含义，关注他到底要问什么。你要做到胸有成竹，你要表现出来是在真正地开展创新创业行动，并正在取得项目成果。

知识 7-6　新创企业的法律组织形式——关联知识 7-8

对即将设立新创企业的创业者来说，可以选择的新创企业可以有多种形式，比如有限责任公司、股份有限公司、个体工商户、合伙企业等。每一种形式都有其独特的优点和缺点，适用的范围和条件也不尽相同。因此，了解不同企业形式的法律规定和相关风险，选择最适合自己的企业形式，是新创企业准备的重要一环。其中有限责任公司、股份有限公司、个体工商户和合伙企业是常见的四种企业组织形式。

（1）有限责任公司。有限责任公司是根据《中华人民共和国公司登记管理条例》规定登记注册，由五十个以下的股东出资设立，每个股东以其所认缴的出资额为限对公司承担有限责任，公司法人以其全部资产对公司债务承担全部责任的经济组织。有限责任公司作为一种较为常见的公司形式，也是现代社会中最主要的企业形式。其优点在于股东的责任有限，公司具有独立的法人地位，有利于企业的长期发展。有限责任公司的设立程序相对比较简单，内部机构设置十分灵活，更适合中小创业者，也是创业公司的主要类型。

（2）股份有限公司。股份有限公司是一种较为成熟的企业形式，是指公司资本为股份所组成的公司，股东以其认购的股份为限对公司承担责任的企业。其优点在于可以筹集大量资金，提高公司的信用等级，同时可以实现风险分散。但是，股份有限公司的管理结构较为复杂，启动资金要求较高，需要遵守的法规也较多。因此对于一般的大学生新创企业而言，选择成立股份有限公司需要慎重。

（3）个体工商户。个体工商户是指在法律允许的范围内，依法经核准登记，从事工商经营活动的自然人或者家庭。个体工商户个人经营的，以个人全部财产承担民事责任；家庭经营的，以家庭全部财产承担民事责任。成立条件要求业主有相应的经营资金，对于经营场地的要求，各地政策有具体要求。作为一种较为简单的企业形式，其优点在于设立手续简单，经营灵活。

（4）合伙企业。合伙企业是一种较为传统的企业形式，是指由各合伙人订立合伙协议，共同出资、共同经营、共享收益、共担风险，并对企业债务承担无限连带责任的营利性组织。其优点在于可以共享资源、分担风险。普通合伙企业由 2 个以上普通合伙人组成，没有注册资本限制。对于经济薄弱的大学生创业者而言，合伙企业形式是不错的选择。但如果对合伙伙伴缺乏足够的了解和信任，合伙企业将存在较大的隐患。

了解了不同形式的企业组织结构之后，我们就需要根据自身的实际情况和需求来确定新创企业的形式。在确定新创企业的形式时，需要考虑以下几个方面：

首先是企业的目标和定位。不同的企业目标需要不同的企业形式来支持。例如，如果新创企业的目标是成为一家大型的上市公司，那么股份有限公司可能是一个更好的选择；如果新创企业的目标着眼当下、减少不必要的企业日常支出，那么个体工商户可能更为合适。

其次是资金需求和风险承受能力。不同的企业形式对于资金的需求和风险承受能力也有所不同。如果新创企业的资金需求较大、参股股东没有上限，那么可以选择股份有限公司等较为复杂的企业形式；如果新创企业的资金需求较小，所有风险都由创业者一个人承担，那么可以选择个体工商户等较为简单经济的企业形式。

再次是管理结构和运营模式。不同的企业形式具有不同的管理结构和运营模式。如果新创企业需要较为灵活的管理结构和运营模式，那么可以选择个体工商户或者合伙企业等较为松散的企业形式；如果新创企业需要较为规范的管理结构和运营模式，那么可以选择有限责任公司或者股份有限公司等较为成熟的企业形式。

最后是行业和法律法规的限制。不同行业和不同地区的法律法规对于新创企业的形式也有所限制。如果新创企业所处的行业或地区对于某种企业形式有特殊的限制或偏好，那么就需要选择符合这些限制或偏好的企业形式。

了解新创企业的形式并确定最适合自己的企业形式是新创企业准备的重要环节。在这个过程中，需要对不同企业形式的优缺点进行深入了解，同时需要考虑自身的实际情况和需求。最终的选择应该基于对自身和市场的深入了解以及对未来的规划和预期。

［实战演绎］

某大学孵化园有一个名为“阳光工作室”的小微创业公司，该公司由张丽和王伟两位好友共同创立，致力于提供摄影和设计服务。他们没有太多的初始资本，但有着对艺术的热爱和精湛的技术，并想通过这个创业项目赚一些零花钱。在选择企业法律组织形态时，他们考虑了以下因素：

（1）资金需求：他们希望公司的启动和运营资金尽可能低，以减少初始投资压力。

（2）管理结构：他们希望公司的管理结构简单、高效，有利于初创阶段的快速决策和运营。

（3）税务问题：他们希望公司的税务处理尽可能简便，以减少行政负担。

基于以上因素，他们决定选择个体工商户作为公司的企业法律组织形态。在选择个体工商户后，他们按照相关法律法规的要求，向当地工商行政管理部门申请登记，并取得了营业执照。他们的业务逐渐扩大，通过提供优质的服务赢得了客户的认可。通过选择这种企业法律组织形态，阳光工作室得以在创业初期减轻了资金压力，简化了管理结构，并轻松处理税务问题。这使得他们能够专注于提供优质的服务，不断拓展业务领域。

——大学生孵化园真实项目转化案例

知识 7-7　新创企业的命名和设立——关联知识 7-8

设立新创企业的第一步是注册公司。注册公司的流程是企业名称核准、工商注册登记、刻制印章。要想正式运营，还需要开立企业银行账户、办理税务登记和社会保险等。在了解每一步的基本要求后，大学生创业者就可以在大学孵化园或当地工商管理机构寻求个性化咨询服务。

根据我国《企业名称管理登记规定》对新企业名称的登记管理的详细规定，企业名称的命名要求如下：

（1）企业名称应当由行政区划、字号、行业、组织形式依次组成。企业名称中的行政区划、字号、行业、组织形式的表述应当准确明晰。例如，“百度在线网络技术（北京）有限公司”“深圳市腾讯计算机系统有限公司”。

（2）企业法人名称中不得含有其他法人的名称，国家市场监督管理总局另有规定的除外。

（3）企业名称中不得含有另一个企业名称。企业分支机构名称应当冠以其所从属企业的名称。

（4）企业营业执照上只准标明一个企业名称，以其主要办事机构所在地为住所，企业名称中的字号，应当由两个以上文字组成。

（5）依法设立的分支机构，可以在其隶属企业的名称后加上缀以“分公司”“分厂”“分店”等标识的文字。

（6）企业名称中的行业表述，应当是反映企业经济活动或者经营特色的业务概览，确定行业类别应当贯彻国家产业政策和行业标准。跨行业经营的，其经营范围中的第一项经营项目所属的行业类别视为其企业行业类别。

（7）企业名称中不使用国民经济行业类别用语表述企业所从事行业的，应当执行以下规定：企业经济活动性质分别属于国民经济行业 5 个以上大类或者 5 个以上的中类或者两个以上大类或者两个以上的中类，可以用简明扼要的文字概括标明其所属的行业或者直接用“综合”或者“综合经营”的表述。

（8）企业应当在核准注册登记前，通过“全国企业信用信息公示系统”查询咨询拟申请登记注册的企业名称是否与他人企业名称相同或近似。

（9）设立公司应当申请名称预先核准。法律、行政法规或者国务院决定规定设立公司必须报经批准，或者公司经营范围中属于法律、行政法规或者国务院决定规定在登记前须经批准的项目的，应当在报送批准前申请名称预先核准，并以工商行政管理机关批准文件或许可证件为依据申请变更登记。

（10）企业名称由申请人自主申报。申请人可以通过企业名称申报系统或在企业登记机关服务窗口提交有关信息和材料，对拟定的企业名称进行查询对比，选取符合相关规定的企业名称。在申请企业名称时，可提前准备多个适合的名称。

知识 7-8　开办企业的行动计划——关联知识 7-6，7-7

现在创业项目已经决定要开办企业，并已经确定了具体的法律组织形式，但还停留在纸面上。在你的产品或服务正式和顾客打交道之前，项目团队还有很多工作要做。做这些事要有章法，且按部就班。所以，项目团队需要制订一份行动计划，确定有哪些工作要完成，由谁来做以及什么时候完成。这份行动计划中至少需要包含以下事项：选择合适的营业地点，筹集启动资金，办理企业登记注册手续，接通水电、电话、网络，购买或者租用机器设备、购买原材料，招聘员工、办理社会保险和商业保险，广告宣传，等等。

知识 7-9　新创企业的日常管理——关联知识 7-10

新创企业的发展离不开强有力的过程监控，作为管理中枢的运营管理，其作用不言而喻。对于新创企业而言，运营管理贯穿人力资源管理、采购和存货管理、生产管理、市场营销管理、控制成本、制定价格、业务记录和组织办公室工作的全过程，我们将这个过程称为企业管理的六要素：人、财、物、产、供、销。任何一家新创企业只要管理好了这六大要素，企业的日常经营管理就可以顺利开展了。

（1）人力资源管理。

新创企业的成功是所有员工共同努力的结果。如果员工的技能不足、积极性不高、配合不当，即便你的企业产品多么吸引人，最终也无法成功。因此我们首先需要做好企业的人力资源管理，为企业的发展提供有力的人力资源保障。

第一，建立完善的人力资源管理体系。新创企业需要建立一套完善的人力资源管理体系，包括招聘、培训、绩效管理、薪酬福利、员工关系等方面的制度。这些制度应该能够规范员工的行为，提高员工的工作效率，同时能够保障员工的权益。

第二，制订合理的人力资源规划。新创企业需要根据自身的发展战略和市场环境，制订合理的人力资源规划。这个规划应该包括招聘计划、培训计划、职业发展计划等方面的内容，还需要根据实际情况进行调整和优化。

第三，注重员工的招聘和选拔。新创企业需要注重员工的招聘和选拔，通过多种渠道招聘优秀的人才。在选拔过程中，需要采用多种面试方法，如笔试、面试、背景调查等，以确保选聘的人才能够适应公司的需求。

第四，加强员工培训和发展。新创企业需要加强员工培训和发展，通过多种形式的培训，提高员工的专业技能和管理能力，还需要为员工提供职业发展的机会，让员工有更多的发展空间。

第五，建立良好的员工关系。新创企业需要建立良好的员工关系，加强与员工的沟通与交流，了解员工的需求和问题，并及时解决员工的问题，还需要建立有效的激励机制，鼓励员工积极参与到公司的各项工作中。

第六，注重人力资源数据分析。新创企业需要注重人力资源数据分析，通过数据来了解公司的人力资源状况，发现问题并及时进行调整和优化。

（2）采购和存货管理。

所有生产企业都要买进卖出，从供应商处采购原材料，经过企业加工后再销售出去；服务企业也要买来设备和材料，然后出售他们的服务。慎重地采购原材料和管理好库存可以降低成本并提高利润，实现采购和存货管理的科学化和规范化，提高企业的运营效率和竞争力。

第一，明确采购计划。制订明确的采购计划，包括采购周期、采购数量、供应商选择等。同时针对不同的物品，要制订不同的采购策略，如长期合同、短期采购、即时采购等。

第二，合理选择供应商。选择可靠的供应商，建立稳定的供应关系。在选择供应商时，需要考虑价格、质量、交货期等因素，还要关注供应商的信誉和服务质量。

第三，建立库存管理制度。建立完善的库存管理制度，包括库存预警、库存盘点、库存转移等。同时，要合理规划库存数量和库存结构，以避免库存积压和浪费。

实施有效的库存控制策略：实施有效的库存控制策略，如 ABC 分类法、实时库存更新、安全库存设定等，以实现库存水平的合理控制。

第四，建立采购和存货管理信息系统，不仅可以实现采购和存货管理的自动化和信息化，还可以实现数据的实时更新和共享，提高管理效率和准确性。

第五，定期进行采购和存货管理审计，若发现管理中存在的问题和不足，提出改进措施。审计范围应包括采购合同、订单、入库单、出库单等文件的审核以及库存实物和系统的核对等方面。

（3）生产管理。

生产管理是制造企业、特定服务企业的一项日常工作，包括生产什么、何处生产、何时生产、如何生产、生产数量、生产质量等。在生产管理过程中，作为新创企业的治理者，需要明确的是，开展生产管理工作的核心目的是合理组织创业企业，保质保量地为顾客提供产品或服务。

第一，制订生产计划。根据市场需求、企业战略和资源状况，制订合理的生产计划，包括产品品种、数量、交货期等。同时，要合理安排生产顺序和生产进度，以提高生产效率和质量。

第二，优化生产流程，包括工艺流程、设备布局、生产节拍等方面的改进。流程优化可以提高生产效率、降低成本、提高产品质量和交货期等方面的要求。强化生产质量管理，建立完善的质量管理体系，包括原材料的质量控制、生产过程的质量监控、成品的质量检验等方面的规定。同时，要注重质量数据的分析，并提出改进措施，以提高产品质量水平。

第三，通过多种方式降低生产成本，如优化原材料的采购、降低能源消耗、提高设备的利用率、减少浪费等。同时，要注重成本数据的分析，并提出改进措施，以实现成本的持续降低。

第四，加强生产现场管理，包括设备维护、工艺执行、安全防范等方面的管理。同时，要注重现场数据的收集和分析，以发现管理中存在的问题和不足，并提出改进措施。

第五，建立生产管理信息系统，实现生产管理的自动化和信息化。信息系统可以实现数据的实时采集、分析和共享，提高管理效率和准确性。

定期进行生产管理审计：定期进行生产管理审计，发现管理中存在的问题和不足，并提出改进措施。审计范围应包括生产计划执行情况、生产流程优化情况、质量管理情况、成本控制情况等方面的内容。

（4）市场营销管理。

管理学大师彼得·德鲁克曾在《管理实践》中说，“任何一个企业只有两个基本的职能，即市场营销与创新，而其他的职能只是一些细节问题。”市场营销可以使那些现有的和潜在的顾客了解你的产品或服务。如果没有顾客，任何企业都无法生存下去。由此可见，市场营销管理对新创企业管理的成败起到决定性的作用。市场营销管理围绕 4P 策略展开，包括产品、价格、地点、促销四个维度，因此我们应关注到创业计划中我们完成的市场营销计划，在企业的日常运营管理过程中，需要进行不断地更迭和调整。

（5）控制成本。

作为新创企业的管理者，必须清楚生产成本或进货成本，这有助于制定价格，赚取利润。把成本维持在最低限度对企业而言非常关键。企业成本是企业资金支出的根源，成本控制管理需要长期的努力，如果坚持执行，可以减小浪费和不必要的开支，提升企业的核心竞争力，帮助公司获得更好的市场地位和利润。

第一，精细制订预算。制订详尽的预算计划可以帮助你掌握公司开支，更好地做好未来的生产计划。

第二，保持节俭。尽量避免高成本支出，优先考虑必要性和实用性，从而节约开支。

选择合适的供应商，即寻找质量好、价格低、服务好的供应商或合作伙伴，从而确保能够从采购中节约成本。

第三，重视员工意见。员工是公司的重要资源之一，听取员工意见可以有效地提高生产效率、减少浪费及降低成本。

第四，务实经营。实现财务数据的跟踪和分析，根据数据进行预测和调整，选择适合自己的经营方式，不断提高效率。

第五，采用数字化技术。运用各种信息技术，例如人工智能、大数据、物联网等，可以改进传统的生产流程、实现数字化管理，节约成本，提高盈利。

（6）制订价格。

新创企业需要为企业的产品或服务制定合理的价格，使产品或服务既能产生利润，又具有相当的竞争力。只有销售收入大于生产产品或提供服务的成本，才会有利润。这里介绍三种常见的定价策略。

第一种是撇脂定价策略，也称高价策略，是一种在追求最大利润目标指导下，在新产品上市初期，利用顾客的求新心理，将产品的价格定得较高，力求短期内补偿全部固定成本，并迅速获取盈利的定价策略。这种策略在市场中有相当数量的收入水平较高的、求新的消费者，产品价格需求缺乏弹性，市场需求减少不大等条件下实施。撇脂定价策略的最大优点是高价小批量地逐步推进战略能使企业随时了解市场反应，采取对策，避免新产品大批量生产带来的风险。但其缺点是定价较高，对消费者不利，也不利于企业的长期发展，销路不易扩大，也极易招致公众的反对。

第二种是渗透定价策略，又称薄利多销策略，是一种具有挑战性的定价战略，涉及在一定的定价层次中制订和调整定价水平，以满足消费者对价格的要求。它可以帮助企业提高盈利能力，获得更高的回报。渗透定价策略的基本思想是按照不同的价格层次来制订价格，以满足消费者的需求和期望。这种定价策略通常使用多个价格层次，以满足不同客户群体的需求。每个价格层次都可以设定不同的价格，取决于消费者在市场中的竞争力和购买力。实施渗透定价策略需要充分调研消费者对产品的价格和服务的期望，然后根据消费者的反馈和市场趋势来制订定价策略。同时，要结合企业的经营目标，制订合理的定价方案，以满足消费者和企业的需求。

第三种是适宜定价策略，这是一种在特定情境下选择合适价格的策略。它通常在考虑到消费者对产品价值的感知，以及市场竞争和成本等因素后，选择一个既能吸引消费者购买，又能实现企业盈利的适中价格。适宜定价策略的特点是它可以根据市场变化和消费者需求的变化进行调整。例如，如果市场对价格高度敏感，低价可以促进市场增长；如果价格弹性大，高价可以直接带动增长；如果企业有成本优势，未来可以通过总成本领先对竞争对手进行清场。在实施适宜定价策略时，企业需要考虑产品的成本、竞争者的价格、替代品的价格以及消费者对产品价值的感知等因素。同时，还需要根据市场需求、竞争状况和企业的实际情况来制定具体的价格策略。

（7）业务记录。

新创企业的管理者需要知道企业经营状况。如果经营遇到困难，通过分析业务记录可以发现问题所在。如果企业运转良好，也能通过这些记录进一步了解企业的优势所在，做出有利的经营决策，提高企业的竞争力。

（8）组织办公室工作。

办公室是企业的信息中心，新创企业的管理者需要获得对企业有用的信息并发给公司上下。因此，办公室组织和领导的好坏对企业的经营也会产生影响。

知识 7-10　新创企业的持续增长——关联知识 7-9

任何一家企业的成长都是一个动态的过程，是通过创新、变革和强化管理等手段的积蓄，整合并促使资源增值进而追求企业的持续发展的过程。经过前面创业工作的积淀，我们已经组建了一个好的团队，跑通了创业项目的商业模式，获得了第一批创业融资，实现了正向的营业收益，初步解决了企业如何生存的问题。现在，该是我们思考创业企业如何实现持续增长的时候了。

新创企业在成长的过程中通常会遇到战略决策管理方面的问题。战略规划缺乏、决策能力有限是制约企业成长的主要因素，持续生存的压力迫使新创企业更加注重行动而非战略规划，甚至很多创业者认为新创企业和小微企业不需要战略管理。但正所谓人无远虑必有近忧，缺乏远见、盲目跟风的短视决策往往会影响企业有限资源的最优配置。好的新创企业管理者通常会抓住有利机会、充分发挥自身在产品、市场和技术等方面的竞争优势，制定有利于实现企业快速发展的企业战略。下面介绍三种可供新创企业选择的企业战略。

第一种是密集型成长战略。其旨在通过增加市场份额和销售增长，实现企业快速发展和扩张。密集型成长战略的核心是通过增加产品或服务的销售量来实现增长。它依赖于市场渗透和市场发展，通过吸引新客户、提高现有客户的忠诚度、增加交易频率等方式来增加销售额。

［实战演绎］

亚马逊是一个成功采用密集型成长战略的企业。亚马逊最初是一个在线书店，但随着时间的推移，他们积极采取了市场渗透、市场发展和产品发展等战略来扩张并多元化业务。第一，亚马逊通过提供广泛的产品选择、优质的客户体验和便捷的购物方式来吸引更多的消费者。他们通过降低价格、提供快速配送服务等措施增加了现有客户的购买频率和交易量，通过市场渗透战略扩大了市场份额。第二，亚马逊不断进军新市场，扩大业务范围。他们通过将在线零售扩展到其他国家和地区，建立了一个全球化的网络。第三，亚马逊也进入了云计算市场，并提供基础设施服务和平台服务等云服务。亚马逊通过推出自有品牌产品和开发新的服务扩大了产品组合。第四，他们还通过收购和与合作伙伴合作扩展产品范围，如通过收购全食超市进入食品零售市场。

亚马逊通过这些密集型成长战略迅速成长为世界上最大的电商平台之一。他们的市场份额不断增长，产品线不断扩展，在书籍销售、电子产品、家居用品、时尚、食品等多个领域都有涉足。这一切得益于他们坚持并成功实施了密集型成长战略。

第二种是集中化战略。其侧重于整合和集中企业的资源、决策权和业务活动，以实现更高效的运营和管理。在集中化战略中，企业将重点放在核心业务和关键能力上，通过整合和集中资源来实现规模经济和协同效应。集中化战略的优势在于在核心业务领域更高效地利用资源、实现成本效益和提供统一的产品或服务。

[实战演绎]

麦当劳是全球著名的快餐连锁公司，他们采取了集中化战略来提供一致的产品质量、服务标准和品牌形象。在麦当劳的集中化战略中，他们实施了以下关键的措施：第一，是统一的产品和操作标准。麦当劳的产品和操作标准在全球范围内保持一致。无论在哪个国家，顾客都能享受到相似的产品和服务体验。这要求所有的餐厅都按照统一的配方、工艺和流程准备食品，并遵循相同的服务标准。第二，中央采购和供应链管理。麦当劳通过中央采购和供应链管理来实现成本效益和产品质量控制。他们与全球供应商建立紧密合作关系，通过集中采购获得最佳价格和供应。麦当劳为所有餐厅提供统一的原材料和产品，确保产品的质量和一致性。第三，中央化的决策和管理。麦当劳的决策权和管理职能在总部进行集中。总部团队负责制定全球经营策略、制订营销计划、提供人员培训和技术支持，以及监督和评估餐厅的运营。这有助于确保品牌的一致性以及在全球范围内实现更高效的管理和资源分配。

通过这些集中化战略，麦当劳实现了全球范围内的规模经济和协同效应。他们能够更好地控制成本、提供一致的产品和服务，并通过全球营销和品牌推广获得差异化竞争优势。麦当劳的成功证明了集中化战略在实现品牌统一性和高效运营方面的有效性。

第三种是多元化成长战略。其旨在通过进入新的产品市场、扩展业务范围或涉足新的地理市场，实现企业的增长和多样化发展。企业可以通过开发新的产品或服务线来实现多元化成长，这可以包括推出新产品、改进现有产品、追求不同的市场细分或扩展到相关的产品领域。产品多元化战略旨在通过满足不同客户需求和扩大产品组合来增加销售额和市场份额。企业也可以将产品或服务引入新的地理市场、行业或客户群体中，以实现多元化成长。市场多元化战略涉及扩大企业的市场覆盖范围，进入新的地理区域、行业或国际市场，以寻求新的商机和增加市场份额。

［实战演绎］

小米公司正式成立于2010年4月，是一家专注于智能硬件、电子产品、芯片研发、智能手机、智能电动汽车、通信、金融、互联网电视及智能家居生态链建设的全球化移动互联网企业、创新型科技企业。小米公司以智能手机为核心，不断扩展业务范围，涉及消费电子、物联网、互联网服务等多个领域，采用多元化成长战略使得小米公司在竞争激烈的市场环境中保持了领先地位，并实现了持续增长。其多元化成长战略主要表现在以下几个方面：

（1）业务领域的多元化。小米公司从最初的智能手机制造商，逐步扩展到消费电子、物联网、互联网服务等多个领域。例如，它开发了小米盒子、小米充电宝、小米路由器等手机相关的配件，并在此基础上，进一步拓展了智能家居业务，推出了小米电视机等一系列智能家居产品。此外，小米还通过MIUI平台开展一系列广泛的互联网应用服务，并创新性地让用户参与手机操作系统的开发和改善中。

（2）地域市场的多元化。小米公司在全球范围内扩展市场，不仅在中国大陆拥有强大的市场份额，还在印度、欧洲、东南亚等地区取得了显著的成绩。例如，2015年，小米推出消费金融和商业保理等产品，同年进入互联网服务业务领域，进一步扩大了公司的业务范围。

（3）组织结构的多元化。小米公司通过建立不同的业务板块、子公司等组织结构，实现公司内部的多元化管理。例如，小米的智能手机业务板块专注于手机的设计、研发和销售，而物联网业务板块则致力于将智能家居等物联网设备与手机连接起来，实现智能化的生活。

（4）投资策略的多元化。小米公司通过投资和收购等方式，不断扩大公司的业务范围和市场份额。例如，小米投资了爱奇艺、美团点评等公司，这些投资为小米带来了更多的资源和更大的优势。

行动派：课后任务清单

行动 7-1 样本全方面情况介绍——关联知识 7-3，7-9，7-10

针对团队的研究样本，尽可能了解他们全方位的情况，用一个不少于 15 页的 PPT 对他们公司进行介绍描述。

行动 7-2 创业项目的项目路演——关联知识 7-4，7-5

针对本组的创业项目，设计 5 分钟左右的项目路演，并录制路演视频。

行动 7-3 创业项目的创业计划书——关联知识 7-3，7-6，7-7，7-8

针对本组的创业项目，完成创业计划书的撰写，并和你的导师进行交流，获取反馈意见，实现进一步的完善。

创业计划书
（1）我们的创业计划书的名称：
（2）我们的创业计划书包括的内容：
（3）我们的创业计划书的正文（另附正文）：
（4）我们企业的行动计划：
（5）导师的反馈意见：

续表

导师姓名		导师职称	
访谈时间		访谈方式	□线上　　□线下
（6）项目未来的改进方案：			